开放式创新环境下战略性新兴产业创新能力研究

牟绍波 著

科学出版社
北京

内容简介

本书以我国战略性新兴产业创新发展为背景，基于开放式创新视角，分析了战略性新兴产业的创新类型和创新特征、战略性新兴产业创新系统的构成和特征，探讨了战略性新兴产业创新能力的构成要素和影响因素，剖析了战略性新兴产业创新能力形成的动力机制，设计了战略性新兴产业创新能力评价指标体系，构建了战略性新兴产业创新能力综合评价模型并进行评价研究，提出了战略性新兴产业创新能力提升的对策。

本书可为从事战略性新兴产业创新发展的专业人士和对产业创新感兴趣的读者提供参考，也可用于产业创新管理培训使用。

图书在版编目(CIP)数据

开放式创新环境下战略性新兴产业创新能力研究 / 牟绍波著. —北京：科学出版社，2019.12

ISBN 978-7-03-063830-4

Ⅰ.①开… Ⅱ.①牟… Ⅲ.①新兴产业-产业发展-创造能力-研究-中国 Ⅳ.①F279.244.4

中国版本图书馆 CIP 数据核字（2019）第 299378 号

责任编辑：冯 铂 黄 桥 / 责任校对：彭 映
责任印制：罗 科 / 封面设计：墨创文化

科学出版社出版
北京东黄城根北街16号
邮政编码：100717
http://www.sciencep.com

成都锦瑞印刷有限责任公司印刷
科学出版社发行 各地新华书店经销

*

2019年12月第 一 版 开本：787×1092 1/16
2019年12月第一次印刷 印张：8
字数：190 000

定价：89.00 元

（如有印装质量问题，我社负责调换）

前　言

《国务院关于加快培育和发展战略性新兴产业的决定》(2010 年)明确指出，发展战略性新兴产业已成为世界主要国家抢占新一轮经济和科技发展制高点的重大战略，加快培育和发展战略性新兴产业对推进我国现代化建设具有重要战略意义。《“十三五”国家战略性新兴产业发展规划》强调，战略性新兴产业代表新一轮科技革命和产业变革的方向，是培育发展新动能、获取未来竞争新优势的关键领域。“十三五”以来，在国家政策鼓励和支持下，我国战略性新兴产业实现了长足发展，产业开放发展步伐和发展速度不断加快，市场规模不断扩大，年销售收入不断增长，已成为支撑经济发展、产业转型和创新型国家建设的重要力量。但是，与工业发达国家相比，我国战略性新兴产业差距仍然明显：产业自主创新动力不足，整合全球创新资源的能力不强，技术进步的基础薄弱，产业配套能力较弱，产品附加值较低，核心关键技术难以突破，呈现高端产业、低端制造的特征，面临长期被“锁定”在全球价值链低端环节的风险。

近年来，开放式创新驱动产业发展引起了学者们的高度重视，为我国战略性新兴产业跳出低端陷阱、实现创新发展提供了全新视角。我国战略性新兴产业应大力实施开放式创新发展战略，紧紧依靠创新驱动，确保走创新驱动发展的道路，不断提升产业创新能力，增强产业国际竞争优势。因此，在开放式创新环境下，如何提升我国战略性新兴产业创新能力就成了学术界和产业界亟待解决的重要课题。

本书由西华大学牟绍波撰写，共分为 9 章，第 1 章主要阐述本书研究背景、提出研究问题和研究意义，围绕产业创新能力综述相关的国内外研究文献，在此基础上介绍研究内容和研究方法。第 2 章对开放式创新理论和产业创新理论进行系统梳理和介绍。第 3 章在对开放式创新环境下战略性新兴产业创新的概念进行界定的基础上，分析开放式创新环境下战略性新兴产业创新的类型和创新特征。第 4 章分析开放式创新环境下战略性新兴产业创新系统的构成和特征，探讨开放式创新环境下战略性新兴产业创新系统的类型，在此基础上构建开放式创新环境下战略性新兴产业创新系统的治理机制，并针对国内外集成电路设备产业创新系统和移动通信产业创新系统进行案例分析。第 5 章对开放式创新环境下战略性新兴产业创新能力的概念进行界定，基于开放式创新的分类对开放式创新环境下战略性新兴产业创新能力的类型进行分析，探讨开放式创新环境下战略性新兴产业创新能力的构成要素，分析开放式创新环境下战略性新兴产业创新能力的影响因素。第 6 章基于自组织理论分析开放式创新环境下战略性新兴产业创新能力形成的自组织特性，从驱动力和阻力两个方面探讨战略性新兴产业创新能力形成的动力，并在此基础上构建战略性新兴产业创新能力形成的“力场模型”。第 7 章基于战略性新兴产业创新能力的构成要素，设计开放式创新环境下战略性新兴产业创新能力评价指标体系，并基于模糊综合评判法构建战略性新兴产业创新能力评价模型，以成都市高端装备制造业为例进行创新能力评价研究。第

8 章在借鉴发达国家提升战略性新兴产业创新能力经验的基础上，针对我国战略性新兴产业创新发展存在的问题，从产业创新文化的培育、创新资源的投入、开放式创新平台的打造、集群式创新战略的实施、产业创新人才战略的实施和产业创新政策的完善等六个方面提出了我国战略性新兴产业创新能力提升的对策。第 9 章主要总结了本书研究的基本结论，并指出本研究存在的不足以及将来进一步研究的方向。

对开放式创新环境下战略性新兴产业创新能力的研究是一个初步尝试。本书在撰写过程中，参考和借鉴了大量国内外相关文献资料，在此对相关作者表示衷心的感谢！由于作者研究水平有限，书中难免存在不足之处，敬请广大读者和同行批评指正。

牟绍波

2019 年 6 月

目　　录

第1章 绪　　论

1.1 问 题 提 出

1.1.1 研究背景

《国务院关于加快培育和发展战略性新兴产业的决定》(2010 年)明确指出：战略性新兴产业是以重大技术突破和重大发展需求为基础，对经济社会全局和长远发展具有重大引领带动作用，知识技术密集、物质资源消耗少、成长潜力大、综合效益好的产业，是引导未来经济社会发展的重要力量；发展战略性新兴产业已成为世界主要国家抢占新一轮经济和科技发展制高点的重大战略，加快培育和发展战略性新兴产业对推进我国现代化建设具有重要战略意义。“十二五”期间，我国战略性新兴产业取得了快速发展，产业创新能力和盈利能力明显提升。2016 年底，国务院正式公布《“十三五”国家战略性新兴产业发展规划》，标志着我国战略性新兴产业迎来新一轮发展浪潮。《“十三五”国家战略性新兴产业发展规划》强调，战略性新兴产业代表新一轮科技革命和产业变革的方向，是培育发展新动能、获取未来竞争新优势的关键领域；要紧紧把握全球新一轮科技革命和产业变革重大机遇，以创新驱动、壮大规模、引领升级为核心，不断提升创新能力，深化国际合作，推动产业迈向中高端。“十三五”时期，我国把战略性新兴产业摆在经济社会发展更加突出的位置，大力构建现代产业新体系，推动战略性新兴产业发展成为促进经济社会发展的强大动力。

2018 年 3 月 7 日，习近平总书记在参加十三届全国人大一次会议广东代表团审议时指出，要更加重视发展实体经济，把新一代信息技术、高端装备制造、绿色低碳、生物医药、数字经济、新材料、海洋经济等战略性新兴产业发展作为重中之重，构筑产业体系新支柱。李克强总理在 2018 年政府工作报告中指出，要“做大做强新兴产业集群”。党中央、国务院对战略性新兴产业发展提出了新定位和新目标，战略性新兴产业发展迎来了新的历史发展机遇，将会在我国国民经济和社会发展中扮演更重要的角色、发挥更重要的作用。

在我国经济发展进入新常态的大背景下，战略性新兴产业基础逐步增强，研究开发(research and development, R&D)经费投入逐年增加，开展科技活动的企业数、R&D 项目数、专利申请数等均增长较快，产业结构不断优化，产业投资不断升温，产业创新不断涌现，成为宏观经济平稳运行的重要力量[1]。政府支持战略性新兴产业发展的步伐在不断加快。在 2017 年 6 月，国家发展改革委召开战略性新兴产业发展部际联席会议第五次会议期间，国家发展改革委与国家开发银行签署了《关于支持战略性新兴产业发展的战略合作协议》。按照该协议，“十三五”期间，国家开发银行将安排不低于 1.5 万亿元融资总量，重点支持实施《“十三五”国家战略性新兴产业发展规划》的二十一项重大工程和创新平台建设，并通过投贷联动等创新模式，加大对创新型中小企业支持力度。2018 年 3 月，国家发展改革委又与中国进出口银行签署《关于支持战略性新兴产业发展的合作协议》。根据该协议，中国进出口银行将在“十三五”期间，为企业提供不低于 8000 亿元融资，重点支持实施《“十三五”国家战略性新兴产业发展规划》明确的新兴产业集群发展、重大工程及相关创新平台建设等。近一年多来，国家发改委先后与国家开发银行、中国进出口银行、中国建设银行签署的支持战略性新兴产业发展的协议，总资金规模超过 2.6 万亿元[2]。据国家信息中心主任程晓波透露，近 5 年来，战略性新兴产业上市公司的 R&D 投入强度，比上市公司总体高出 50%左右，重点领域实现突破，产业竞争实力显著增强。作为战略性新兴产业中规模最大、创新最密集的两大领域，新一代信息技术和生物产业实现加速增长，支柱作用进一步增强，绿色低碳产业保持快速增长，数字创意产业迎来爆发式增长，高端制造业实现平稳较快增长[3]。此外，在高端装备制造业领域，我国通过实施大型飞机、航空发动机及燃气轮机、高档数控机床以及智能制造等一批重大工程和专项，2016 年一批高端技术装备成功研制，如中国商飞公司 C919 飞机首架机交付试飞中心，中国标准动车组成功完成世界首次 420km/h 交汇试验，比亚迪自主研发的纯电驱动新能源汽车系列产品达到国际先进技术水平，首台自主研制国际领先的 112 环全数字化光导 PET-CT 进入三甲医院临床使用，“海斗”号无人潜水器完成最大下潜深度 10767m，世界首制极地模块运输船、世界最大吨位的 10 万吨级半潜运输船建成交付，高温合金航空发动机叶片五轴联动加工中心主要性能指标达到了国际先进水平，世界首台百万千瓦超超临界二次再热燃煤发电机组成功投产等[4]。

“十三五”以来，在国家政策鼓励和支持下，我国战略性新兴产业实现了长足发展，已成为支撑经济发展、产业转型和创新型国家建设的重要力量。2017 年，我国战略性新兴产业政策环境持续优化，技术创新成效显著，开放发展表现抢眼，战略性新兴产业在质量变革、效率变革和动力变革中的引领作用进一步得到发挥，发展态势全面向好，产业活力明显增强[5]：一是我国战略性新兴产业继续保持两位数的高速增长，其中，规模以上工业战略性新兴产业增加值比上年增长 11.0%，增速较上年提高 0.5 个百分点，高于同期规模以上工业 4.4 个百分点[6]，战略性新兴服务企业 1～11 月营业收入同比增长 18.0%，高于规模以上服务业企业 4.1 个百分点；二是景气指标再登新高，国家信息中心战略性新兴产业千家企业景气度调查显示，2017 年四季度，行业景气指数和企业家信心指数分别达到 156 和 160.2，较上年同期分别增长 5.5%和 5.7%，双双达到三年来的最高水平，主要行业景气指数较上年同期全面回升，其中新一代信息技术、生物和新材料三个产业景气指数超过 150，进入强景气区间，多个产业景气指数创出调查以来新高；三是重点企业表现优异，2017 年前三季度，战略性新兴产业上市公司实现利润总额 2956.1 亿元，增速达 22.5%，高于上市公司整体 5.1 个百分点，新材料、节能环保以及生物产业利润总额同比增速分别高达 53.9%、45.3%以及 33.9%。2018 年，战略性新兴产业增速加快，其增加值比上年增长 8.9%，增速高于全部规模以上工业 2.7 个百分点；分季度看，一季度增长 9.6%，二季度增长 7.8%，三季度增长 9.0%，四季度增长 9.2%，连续两个季度增长加快[7]。新兴工业产品产量快速增长，铁路客车、微波终端机、新能源汽车、生物基化学纤维、智能电视、锂离子电池和集成电路分别增长 183.0%、104.5%、40.1%、23.5%、18.7%、12.9%和 9.7%。12 月份，规模以上工业增加值同比增长 5.7%，比上月加快 0.3 个百分点，环比增长 0.54%[8]。总体而言，我国战略性新兴产业取得了快速发展，产业创新能力、盈利能力和国际竞争能力有了明显提升。

随着“十三五”规划的实施，国家进一步加大力度支持战略性新兴产业发展，产业开放发展步伐和发展速度不断加快，市场规模不断扩大，年销售收入不断增长。但是，与工业发达国家相比，我国战略性新兴产业差距仍然明显：一是产业自主创新动力不足，开放式创新能力不强，技术进步的基础薄弱，产业配套能力较弱，产品附加值较低，核心关键技术难以突破，例如，在 OLED 面板领域，尽管以京东方为代表的中国厂商技术水平不断提升，积极扩大 OLED 生产线，逐步打破了 OLED 面板供给端的垄断市场格局，但是玻璃基板、偏光片、溅射机、曝光机、显影机、光刻机、蒸镀机等上游设备和关键材料仍是我国产业发展的薄弱环节；二是主动“走出去”国际化发展的信心不足，整合全球创新资源的能力不强；三是行业领军企业欠缺，品牌知名度低，市场影响力不强；四是产业领军人才和专业人才短缺，整体缺乏创新型技术管理人才，高端人才和高级技师匮乏，产业发展面临人才瓶颈制约；五是制度供给不足，政策措施有待完善，落实不到位，产业法规体系建设滞后；六是集群化程度较低，产业开放创新网络脆弱，未形成以核心企业主导的具有国际竞争力的战略性新兴产业集群。

纵观世界各国，开放式创新是发达国家新兴产业得以持续发展的重要法宝[9]，如美国国家健康研究院在健康科学研究中，一直秉承开放合作的态度，按照一定条件为全球基础生物医学相关研究人员提供多样化资助；欧盟也一直在努力促进成员国之间的创新合作，近 30%的创新政策在欧盟是开放和适用的。此外，印度 2013 年也提出了“开放创新与群体智慧战略”，大大促进了创新资源和创新产品的国际交流和共享。面对国内国际形势，2011 年我国商务部、国家发改委等 10 部委联合下发《关于促进战略性新兴产业国际化发展的指导意见》，提出我国战略性新兴产业要利用全球创新资源，提升产业创新能力。2012 年出台的《“十二五”国家战略性新兴产业发展规划》也强调，我国战略性新兴产业的发展要走开放式创新道路。

近年来，开放式创新驱动产业发展引起了学者们的高度重视，为我国战略性新兴产业跳出低端陷阱、实现创新发展提供了全新视角。Chesbrough 指出开放式创新强调应该善用外部的知识与创新，促进新技术的发展，创造出更高的价值[10]，其内涵与战略性新兴产业创新特征深度契合，应成为战略性新兴产业的主导创新模式。战略性新兴产业要实现稳步快速发展，就要进行开放式创新[11]。在此背景下，我国战略性新兴产业应大力实施开放式创新发展战略，紧紧依靠创新驱动，确保走创新驱动发展的道路[12]，不断提升产业开放式创新能力，增强产业国际竞争优势。

目前，我国战略性新兴产业创新开放度还不高，产业开放式创新能力还不强，国际竞争优势还不明显，一些领域核心技术仍然受制于人，呈现高端产业、低端制造的特征[13]，面临长期被“锁定”在全球价值链低端环节的风险，开放创新发展迫在眉睫[14]。因此，在开放式创新环境下，如何提升我国战略性新兴产业创新能力就成了学术界和产业界亟待思考和解决的重要课题。

1.1.2 研究意义

本书一方面通过剖析开放式创新环境下我国战略性新兴产业创新特征、创新能力构成要素、创新能力形成机制，可进一步丰富战略性新兴产业创新理论；另一方面，通过对战略性新兴产业创新能力的评价分析，找出我国战略性新兴产业创新能力存在的问题，提出促进我国战略性新兴产业创新能力提升的对策，可为地方政府促进战略性新兴产业创新发展提供决策依据和参考。

1.2 文 献 综 述

1.2.1 产业创新能力的定义

创新能力是基于内外资源整合的基础上，通过应用新技术或新方法取得预期创新绩效的能力，通常可分为企业创新能力、产业创新能力、区域创新能力和国家创新能力。

学者们根据研究需要，对产业创新能力进行了界定。产业创新能力是产业竞争力的核心，其强弱在一定程度上反映了一个国家或者地区的生产力发展水平[15]，对其研究具有重要的理论意义和实际意义。吴秀娟等认为产业创新能力是产业利用资源将知识转化为新产品或新工艺并获得经济社会效益、推动产业发展的能力，由创新投入能力、成果产出能力、制造能力和环境支撑能力等构成[16]。杨楠认为产业创新能力是产业基于自身的经济技术实力以及专利技术的获取，通过强化核心技术并获得竞争力的综合能力，由创新实施能力、投入能力、产出能力和核心能力等构成[17]。包英群认为产业创新能力是产业通过技术创新从而提升产业竞争力的综合能力，由创新投入能力、产出能力和环境支撑能力等构成[18]。

此外，有学者以高技术产业为研究对象，对其创新能力进行界定。廖湘岳和刘敏基于知识和技术角度，认为高技术产业创新能力是产业利用自身的知识和技术优势，将其转化为新工艺或新产品的能力，由知识创新能力、技术创新能力和市场能力等构成[19]。李丹和王欣认为高技术产业创新能力是高技术企业通过与其他创新主体的合作，促进技术转化，最终提高产业竞争力的能力，由投入能力、获取能力、产出能力和支撑能力等构成[20]。范德成和杜明月认为高技术产业创新能力是产业将知识和技术转化为新产品或新工艺，促进自身可持续发展的能力，由创新投入、创新产出和创新环境等能力要素构成[21]。

上述文献主要基于过程视角对产业创新能力进行界定，但并未形成统一的观点。在产业创新能力构成要素研究方面，包英群将其归纳为三种观点：一是认为产业创新能力包括自主创新能力、模仿创新能力和引进消化吸收再创新能力；二是认为产业创新能力包括管理创新能力、技术创新能力和制度创新能力；三是认为产业创新能力包括创新投入能力、产出能力、转化能力和环境支撑能力[18]。

1.2.2　产业创新能力的影响因素

产业创新能力的影响因素包括内部影响因素和外部影响因素。吴秀娟等认为产业创新能力的内部影响因素包括创新资源、创新倾向和制造能力，外部影响因素包括政策、法律和市场[16]。吴海江认为影响产业创新能力的主要因素包括产业内部的动因、相关产业之间的协同以及政府政策和法规，关于产业创新能力影响因素的研究，学者们更多采用实证的方法进行分析[22]。

1. 内部影响因素

王凯和马庆国以中国制造业为研究对象，通过实证研究发现，科研经费投入强度和科技活动经费投入强度对我国制造业创新能力的提升起着主要作用[23]。杨东奇和杜军以黑龙江省装备制造业为研究对象，通过实证研究发现，对产业创新能力影响最大的因素是创新资源投入能力[24]。孙晓华和周玲玲基于我国 36 个工业行业的实证检验，发现企业异质性对产业创新能力具有显著的正效应，R&D 投入和市场结构对产业创新能力的影响也比较显著[25]。陈旭升和岳文俊基于产业组织视角，实证研究了企业资源、技术提升行为和创新成果产出对装备制造业产业创新能力的影响，发现 R&D 经费投入对产业创新能力的影响最大[26]。周喜君等以中国煤炭产业为研究对象，通过实证研究发现，创新投入数量和质量是产业创新能力提升的主要影响因素[27]。

2. 外部影响因素

沙文兵和孙君通过实证研究发现，外商直接投资（foreign direct investment，FDI）知识溢出在一定程度上推动了产业创新能力的提升[28]。潘菁和张家榕认为跨国公司研发投资的竞争效应和人才流动效应对中国高技术产业创新能力影响的溢出效应较为显著[29]。刘继兵等以战略性新兴产业为研究对象，实证研究了不同地区制度环境对产业创新能力的影响[30]。肖远飞等以中国西部制造业为研究对象，通过实证研究发现，全球生产网络嵌入对提升西部制造业创新能力具有显著影响[31]。

此外，也有学者结合产业创新能力的内外部影响因素进行了实证分析。易瑾超等基于开放式创新理论视角，通过实证研究了开发国际化、国际直接投资和高新技术产品进出口等创新国际化行为对通信设备制造业创新能力的影响，发现研发资金的投入是影响产业创新能力提升的主要因素[32]。李煜华等以汽车产业为研究对象，通过运用所构建的产业创新能力影响因素的系统动力学模型，仿真发现：企业家因素、产学研合作强度及外商投资力度对产业创新能力有正向影响[33]。

通过对上述文献分析发现：产业创新能力的影响因素是多方面的，大多数学者采用了实证研究的方法进行详细分析，并取得了较为丰富的成果。但是，现有研究较为零散，多数文献只关注某个或某几个影响因素，缺乏从系统的角度分析影响产业创新能力的各种因素，未形成产业创新能力影响因素的系统分析框架。

1.2.3 产业创新能力的评价

产业创新能力评价对产业可持续发展具有重要指导作用，一直是学者们关注的热点问题。对产业创新能力进行评价，关键在于要建立科学合理的评价体系和构建有效的评价模型或选用有效的评价方法。通过回顾已有文献发现：大多数学者主要基于产业创新过程视角对产业创新能力进行评价。

1. 过程视角

现有文献主要基于创新投入、创新产出和创新支撑等三个方面构建评价指标体系，并在此基础上对产业创新能力进行评价。张倩男和赵玉林基于创新投入能力、产出能力和支撑能力构建了高技术产业创新能力评价体系[34]。陈萍等基于创新投入能力和产出能力构建了高技术产业创新能力评价体系，采用层次分析法对基于投入产出指数的高技术产业技术创新能力进行了实证研究[35]。高达宏基于创新基础、投入和产出构建了高技术产业创新能力评价体系，并运用灰色关联分析法对我国高技术产业创新能力进行评价[36]。徐廷廷等基于创新投入能力和创新产出能力构建了高技术产业创新能力评价体系，并运用熵值法、层次分析法及变异系数对上海高技术产业创新能力进行了评价[37]。吴忠涛等基于创新投入能力、创新产出能力和创新支撑能力构建了战略性新兴产业创新能力评价体系，并运用因子分析和聚类分析对西安高新区战略性新兴产业创新能力进行了评价[38]。范德成和杜明月基于创新投入、创新产出和创新环境三个方面构建了高技术产业创新能力评价指标体系，运用TOPSIS灰色关联投影法对京津冀地区高技术产业技术创新能力进行动态综合评价[21]。王洪庆和侯毅基于创新投入能力和产出能力构建了高技术产业创新能力评价体系，运用改进的熵值法对高技术产业中的不同行业创新能力进行评价[39]。

此外，也有学者在遵循创新投入、创新产出和创新支撑等基本指标体系的基础上拓展了产业创新能力评价指标体系。许晓燕基于创新技术基础、创新转化能力和创新经济支撑能力等构建了高技术产业创新能力评价体系，并运用主成分分析法对产业创新能力进行了评价[40]。彭向基于创新投入、生产能力、技术支持、创新环境、创新产出构建了我国高技术产业创新能力评价体系，并运用因子分析法对产业创新能力进行了评价研究[41]。董爱军基于自主创新能力、投入能力、产出能力、产业链创新能力、集聚创新能力和政策创新能力构建了信息产业创新能力评价体系，并采用模糊综合评价法对信息产业创新能力进行评价[42]。张治河等基于研发能力、产品创新能力、营销创新能力、创新产出和创新环境等构建了战略性新兴产业创新能力评价体系，并运用灰色模糊评判法和内核密度分析法对战略性新兴产业创新能力进行评价[43]。李丹和王欣基于创新投入能力、创新获取能力、创新产出能力和创新支撑能力构建了高技术产业创新能力评价体系，运用因子分析法对辽宁产业创新能力进行评价[20]。曹兴等基于投入能力、执行能力、产出能力和支撑能力构建了战略性新兴产业创新能力评价体系，运用物元可拓集合理论建立了多级优度评价模型，并对湖南省医药制造业产业创新能力进行评价[44]。

上述文献主要针对高技术产业创新能力进行了评价分析，也有学者针对其他产业创新能力进行了评价分析。王章豹和孙陈基于资源投入能力、成果转化能力、产出能力、支撑能力、环保能力等构建了产业创新能力评价指标体系，并运用主成分分析法对装备制造业创新能力进行评价[45]。李美娟等基于创新投入能力、制造能力、创新环境、创新产出能力、创新扩散能力等构建了产业创新能力评价体系，并运用灰色关联度对中国制造业产业创新能力进行评价[46]。刘春香和章丽萍基于创新资源、创新开发能力和创新环境构建了传统优势产业创新能力评价体系[47]。杨屹和薛惠娟基于投入能力、产出能力、配置能力和支撑能力构建了产业创新能力评价体系，并运用因子分析法对我国 28 个省区市的产业创新能力进行评价[48]。乔虹基于创新投入能力和产出能力构建了产业创新能力评价体系，运用因子分析法对河南省 20 个产业创新能力进行评价[15]。

2. 其他视角

康灿华和阮飞基于原始创新能力、集成创新能力和二次创新能力构建了电子信息产业创新能力评价体系，运用 AHP 方法对中国电子信息产业创新能力进行评价[49]。李金兰和郑淑蓉基于产业共性视角构建了高新技术产业创新能力评价体系，并运用主成分分析法对泉州市高新技术产业创新能力进行了评价与分析[50]。温晓慧等基于国家层创新能力、区域层创新能力、产业层创新能力和企业层创新能力构建了生物医药产业创新能力评价体系[51]。吴海江基于产业科研基础、经济基础、创新成果转化率、相关产业之间的协同度以及政府制度完善度构建了信息产业创新能力评价体系，运用三参数区间灰数对产业创新能力进行评价[22]。梁晓捷和王兵基于创新方向、创新效率和创新质量构建了产业创新能力评价体系，并运用密切值法对钢铁行业创新能力进行综合评价[52]。

综上所述，关于产业创新能力评价研究，学者们重点关注了评价指标体系的构建和评价方法的选择，如表 1.1 和表 1.2，并取得了大量丰富的研究成果。在评价指标体系构建方面，主要基于创新投入能力、创新产出能力和创新环境三个维度来进行设计，但受主观因数影响较大，各级指标体系的系统性不强、科学性不足、难以应用，甚至部分文献未对指标体系进行实证检验，因此如何建立更加科学合理的评价体系仍然是一个亟待解决的问题。在评价方法的选择方面，主要集中在主成分分析法、因子分析法、层次分析法，也有学者采用了模糊评价法、熵值法、变异系数和灰色关联分析法，但方法选择和应用比较单一，每种评价方法各有优缺点，因此如何综合运用相关评价方法对产业创新能力进行综合评价有待进一步深入研究。

表 1.1　产业创新能力评价指标体系

指标体系构建视角	指标体系	相关学者
创新过程视角	创新投入能力、创新产出能力	陈萍等[35]；徐廷廷等[37]；乔虹[15]；王洪庆和侯毅[39]
	创新投入能力、创新产出能力和支撑能力	张倩男和赵玉林[34]；高达宏[36]；吴忠涛等[38]；范德成和杜明月[21]
	创新技术基础、创新转化能力和创新经济支撑能力	许晓燕[40]

续表

指标体系构建视角	指标体系	相关学者
创新过程视角	创新投入能力、制造能力、创新环境、创新产出能力、创新扩散能力	李美娟等[46]
	资源投入能力、支撑保障能力、成果转化能力、产出能力和环保能力	王章豹等[45]
	创新投入、生产能力、技术支持、创新环境、创新产出	彭向[41]
	创新资源、创新开发能力和创新环境	刘春香和章丽萍[47]
	投入能力、配置能力、支撑能力和产出能力	杨屹和薛惠娟[48]
	自主创新能力、投入能力、产出能力、产业链创新能力、集聚创新能力和政策创新能力	董爱军[42]
	研发能力、产品创新能力、营销创新能力、创新产出和创新环境	张治河等[43]
	创新投入能力、创新获取能力、创新产出能力和创新支撑能力	李丹和王欣[20]
	投入能力、执行能力、产出能力和支撑能力	曹兴等[44]
其他视角	原始创新能力、集成创新能力和二次创新能力	康灿华和阮飞[49]
	国家层创新能力、区域层创新能力、产业层创新能力和企业层创新能力	温晓慧等[51]
	产业科研基础、经济基础、创新成果转化率、相关产业之间的协同度以及政府制度完善度	吴海江[22]
	创新方向、创新效率和创新质量	梁晓捷和王兵[52]

表 1.2 产业创新能力评价方法

评价方法	相关学者
主成分分析法	王章豹等[45]；许晓燕[40]；李金兰和郑淑蓉[50]
因子分析法	彭向[41]；杨屹和薛惠娟[48]；乔虹[15]；李丹和王欣[20]
灰色关联分析法	李美娟等[46]；高达宏[36]
层次分析法	康灿华和阮飞[49]；陈萍等[35]
模糊综合评价法	董爱军[42]
物元可拓集合理论	曹兴等[44]
改进的熵值法	王洪庆和侯毅[39]
三参数区间灰数	吴海江[22]
密切值法	梁晓捷和王兵[52]
熵值法、层次分析法及变异系数	徐廷廷等[37]
因子分析和聚类分析	吴忠涛等[38]
灰色模糊评判法和内核密度分析法	张治河等[43]
TOPSIS 灰色关联投影法	范德成和杜明月[21]

1.2.4 产业创新能力的提升路径

产业创新能力的提升是一项长期的系统工程。因此，探索出一条提高产业创新能力的有效路径显得尤为迫切和重要。

1. 高技术产业

许晓燕认为应该从加大财政投入、激发创新主动性、提高企业创新能力、营造创新环境、制定扶持政策等方面提升高技术产业创新能力[40]。李金兰和郑淑蓉认为应该通过创新环境的营造、创新意识的提高、成果转化及扩散能力的提升、创新资源的加大投入和经济支撑力的提升等方面促进高技术产业创新能力的提升[50]。高达宏认为应该通过加强创新基础设施建设、加大人力财力投入、加强政策支持和重视技术引进消化吸收再创新，进而提高高技术产业创新能力[36]。徐岩和徐传谌认为可通过构建以企业为主体的技术创新体系、建立模仿创新与自主创新相结合的产业创新模式以及坚持渐进性创新逐步发展为根本性创新的创新思路等促进产业创新能力提高[53]。王洪庆和侯毅认为可从跨国高技术企业的引进、R&D 投入的增加、研发强度的提高、转化能力和研发效率的提高、企业自主创新能力的提升、政府职能的转变、政府采购制度的完善等方面提升高技术产业创新能力[39]。梁琳和吴昊在分析东北三省高技术产业技术创新能力制约因素的基础上，提出可通过加大高技术产业技术创新投入、提升高技术产业技术创新投入产出效率、优化高技术产业内部结构、将高技术产业的技术创新与市场开拓充分结合等措施来提升高技术产业的技术创新能力[54]。

2. 战略性新兴产业

刘峰指出可通过以政府资金为引导，加大全社会对技术创新的投入，加强战略性新兴产业技术创新的前瞻部署和平台建设，着力实施重大专项，按照产业链组织技术创新联盟，鼓励国家高新区和创新型城市率先开展重点领域商业示范，深入实施知识产权、标准和人才战略，完善产业规制和政策支持体系等措施来提升我国战略性新兴产业创新能力[55]。李东华提出可从加强政府对技术创新的战略引导作用、构建新型产学研合作的技术发展模式、鼓励以知识产权和技术标准为核心形成新兴产业主导设计、强化技术创新与金融创新的双轮驱动等方面来促进战略性新兴产业创新发展[56]。孙早和宋炜提出可以通过构建战略性新兴产业自主创新体系(以企业为主体，市场为导向，产学研相结合)，推动战略性新兴产业风险资本行业的发展，完善支持创新的产业政策体系，加大政府对战略性新兴产业自主创新的政策引导和扶持力度等方面来提高战略性新兴产业创新能力[57]。沙勇以江苏省战略性新兴产业为例，指出可从加大政策支持力度(加大鼓励研发的税收优惠力度、加大财政金融政策的支持力度、加大政府在市场需求层面的政策引导力度)、营造产业发展良好环境、集中资源打造优势产业(营造各种投资主体公平竞争的市场环境、加强公共服务平台建设、优先保障生产要素供给等)、引导企业加强知识产权保护意识、强化商业模式创新和技术创新并重(强化知识产权保护意识、注重遵守国际贸易规则、推动企业培育创新文化、注重商业模式创新和技术创新并重)等方面促进战略性新兴产业创新发展[58]。

吴忠涛等以西安高新区战略性新兴产业为研究对象，认为可通过基于市场需求提高创新转化能力、基于政策导向提高创新保障能力、基于产品导向提高创新实现能力，最终促进产业创新能力的提高[38]。俞之胤在对长春市战略性新兴产业创新能力评价的基础上，提出可从培育战略性新兴产业的创新基础、改善战略性新兴产业政策环境、提升战略性新兴产业创新投入水平、增强战略性新兴产业创新产出能力等四方面提出促进长春市战略性新兴产业创新能力提升的对策[59]。张敬文等认为可从加强政府对战略性新兴产业协同创新的引导和支持，进一步促进战略性新兴产业组织间知识共享，提升战略性新兴产业企业的知识吸收能力，提高战略性新兴产业协同创新的知识整合水平等方面提高战略性新兴产业协同创新绩效[60]。包英群提出了中国平板显示产业提高技术创新能力的发展路径(通过国际研发合作，加强人才培养和创新环境的建设，提高自主创新能力，完善产业链布局，提高国产化配套率，并以突破性技术创新为起点开拓新市场)，以及六个方面的具体措施(全面提升产业链配套能力，引导集聚发展，集中突破关键技术，培育骨干企业，加强国际合作，加快完善保障措施)[18]。王新新提出可从加强技术预见、加强基础研究、加强协同创新(构建产权清晰、多元参与、激励约束并重的协同创新管理体系，完善科技资源共享平台建设，围绕产业链部署创新链，倡导创新主体参与国际间技术合作)、加强知识产权战略布局(加强战略性新兴产业领域的专利分析，利用好专利资源，选好专利技术突破口，推进专利产权联盟建设)等方面来促进战略性新兴产业技术创新发展[61]。张娜娜等在分析战略性新兴产业技术创新影响因素的基础上，提出可通过打造科技、产业与信息三链融合的“创新生态链”，完善企业技术创新体系；完善跨部门、跨层级、跨区域协同合作机制，构建同质组织协同创新联盟；强化创新意识，营造创新文化氛围等措施来促进战略性新兴产业技术创新[62]。康健以耒阳战略性新兴产业为例，提出可从科学合理地应用产业发展扶持政策、加强行业协会建设、优化产业创新的科技中介服务、甄选技术创新示范企业、拓展资金投入渠道和融资方式、强化产学研协同创新活动、完善产业链内龙头企业和配套企业建设、促进产业集群发展、推进产业研发体系及技术标准建设等方面来提升战略性新兴产业创新能力[63]。吕富彪在分析辽宁高端装备制造业技术创新制约因素的基础上，提出可通过完善企业技术创新的政策环境、加强和引导产业空间合理布局、加强企业技术创新能力的培育(如加强企业创新文化建设、加强对技术创新的资金投入力度、积极吸引和培养创新人才、提高学习和吸收知识的能力、增强研发能力、提高技术水平)等来促进辽宁高端装备制造业技术创新能力的提升[64]。张冀新和胡维丽认为可通过推动创新价值链前端研发创新优势向中末端扩散、发挥创新价值链的转化创新优势、强化战略性新兴产业产品创新对创新价值链的牵引作用、完善产业产品技术创新体系、创新型企业培育政策措施和整合建立行业协同创新平台等方面提升战略性新兴产业创新能力[65]。伍建龙等基于产业联盟视角分析了战略性新兴产业自主创新能力提升路径内涵，设计了产业创新能力提升路径，探讨了产业创新能力提升路径选择与转化[66]。许珂和耿成轩指出可从增加研发支出投入、加强对人力资源的管控、重视对创新人才的培养、提升企业管理经营能力、加强与高校科研院所的交流和合作、促进科研成果转化等方面来提升战略性新兴产业创新能力[67]。金成指出可从支持产业发展国际领军企业、推动军民融合、推动产业集聚化发展、建立产学研深度合作创新机制、创新产业发展财政税收支持模式等五个方面来提升战略性新兴产业技术创新能力[68]。周泽炯和陆苗苗通过实证研究发现，研发人员、研发资金投入和市场需求对自主创新能力具有显著的促进作用，指出应从增加企业研发资金投入、注重研发人才的培养引进、坚持以市场需求为导向等方面采取有效措施来提升我国战略性新兴产业自主创新能力[69]。闫俊周等指出一方面要重点扶持和培育科技创新能力强、发展潜力大的科技型中小企业，加大资金、人才和创新政策方面的支持力度；另一方面，对战略性新兴产业产品给予财政补贴和税费减免，建立有利于战略性新兴产业发展的政府采购体系，加大 R&D 投入力度，打造产学研协同创新平台，提升战略性新兴产业供给侧创新能力[70]。

3. 其他产业

陈旭升和岳文俊以装备制造业产业为例，认为可通过扩大企业规模、优化 R&D 投入结构、完善知识产权制度、改善市场环境和多元化的融资体系等促进装备制造业产业创新能力的提高[26]。纪国涛和吕富彪以辽宁装备制造产业为例，认为可通过链式整合创新、组合能力演进、服务化创新以及制度创新等四个方面来提升产业创新能力[71]。此外，张一思以我国流通产业为研究对象，认为可对流通产业的发展规模、发展环境以及知识转换能力进行创新改进，从而提升其创新能力[72]。

1.2.5　产业创新能力研究述评

产业创新能力已经引起了学术界的广泛关注，学者们在产业创新能力的概念界定、影响因素、评价和提升路径等方面取得了大量研究成果，极大地丰富了产业创新理论。针对战略性新兴产业创新能力，本书认为如下几个方面有必要进一步深入研究：

一是构建产业创新能力概念模型。已有文献大多基于创新过程视角对产业创新能力进行界定，但并未构建起学术界公认的产业创新能力概念模型，在很大程度上影响了对产业创新能力的深入研究。因此，可尝试基于多种视角对战略性新兴产业创新能力概念进行界定，建立产业创新能力概念模型。

二是构建产业创新能力影响因素的系统分析框架。产业创新能力是个复杂的能力系统，其影响因素是多方面的。尽管学者们采用实证研究方法分析了产业创新能力的影响因素，但未考虑其他更多的影响因素，缺乏整体性和系统性研究。因此，可考虑基于复杂系统理论视角建立战略性新兴产业创新能力影响因素的分析框架。

三是设计一套更加完善的产业创新能力评价体系。目前产业创新能力评价指标体系的设计，主要基于产业创新过程视角。但是，在设计指标体系时存在主观性和随意性，缺乏系统研究，指标体系难以应用。因此，有必要在厘清产业创新能力影响因素的基础上，进一步构建一套科学合理的产业创新能力评价体系，为战略性新兴产业创新能力评价提供有效支撑。

四是构建产业创新能力综合评价模型。现有文献采用了不同的评价方法对产业创新能力进行评价，但尚无权威的评价方法，且方法选择比较单一，很难保证评价的有效性和准确性。因此，如何集成不同的评价方法，构建战略性新兴产业创新能力综合评价模型值得深入研究。

1.3 研究内容

本书旨在基于开放式创新视角探讨战略性新兴产业创新能力，指出我国战略性新兴产业创新发展存在的问题，提出促进我国战略性新兴产业创新能力提升的对策。本书的框架如图 1-1 所示。

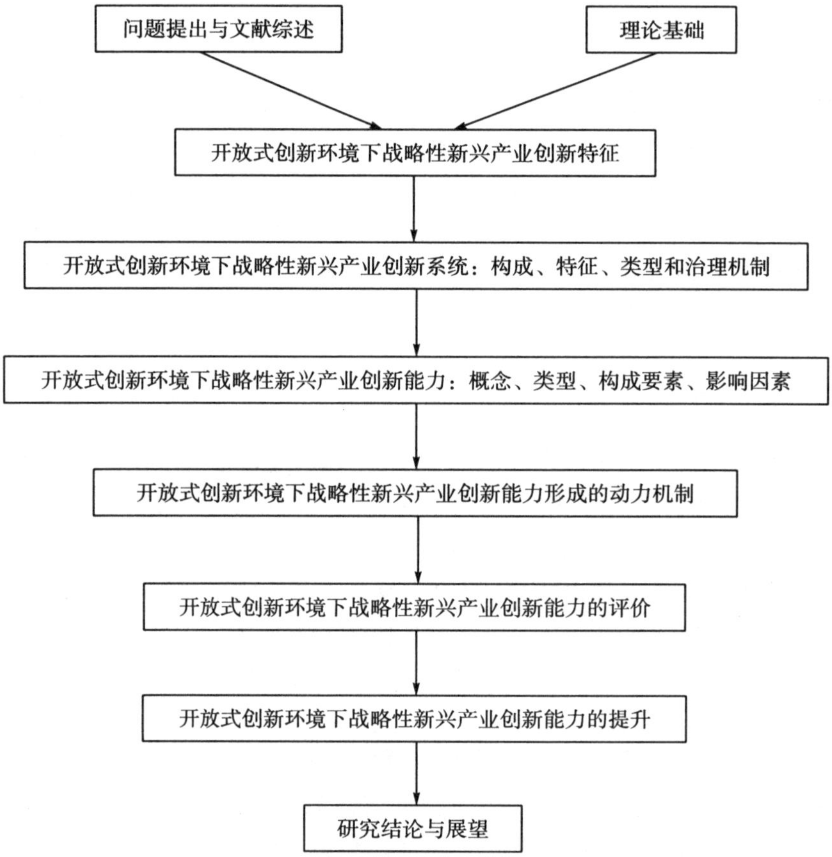

图 1-1　本书框架

全书共九章内容，各章节的主要内容如下：

第 1 章：绪论，主要阐述本书研究背景、提出研究问题和研究意义，围绕产业创新能力综述相关的国内外研究文献，在此基础上介绍研究内容和研究方法。

第 2 章：理论基础，主要包括开放式创新理论和产业创新理论。首先，从开放式创新定义、开放式创新模式和开放式创新能力等三个方面对开放式创新理论进行了介绍。其次，从产业创新定义、产业创新系统、产业创新动力和产业创新模式等四个方面对产业创新理论进行了系统梳理和介绍。

第 3 章：开放式创新环境下战略性新兴产业创新特征。首先阐述了战略性新兴产业的特征，对开放式创新环境下战略性新兴产业创新的概念进行了界定，分析了开放式创新环境下战略性新兴产业创新的类型，在此基础上从七个方面探讨了开放式创新环境下战略性新兴产业的创新特征。

第 4 章：开放式创新环境下战略性新兴产业创新系统。首先，分析了开放式创新环境下战略性新兴产业创新系统的构成和特征，探讨了开放式创新环境下战略性新兴产业创新系统的类型，在此基础上构建了开放式创新环境下战略性新兴产业创新系统的治理机制。最后，针对国内外集成电路装备产业创新系统和移动通信产业创新系统进行了案例分析。

第 5 章：开放式创新环境下战略性新兴产业创新能力。首先，对开放式创新环境下战略性新兴产业创新能力的概念进行了界定，分析了其特征。其次，基于开放式创新的分类，对开放式创新环境下战略性新兴产业创新能力的类型进行了探讨。最后，探讨了开放式创新环境下战略性新兴产业创新能力的构成要素，分析了开放式创新环境下战略性新兴产业创新能力的影响因素。

第 6 章：开放式创新环境下战略性新兴产业创新能力形成的动力机制。首先，基于自组织理论，分析了开放式创新环境下战略性新兴产业创新能力形成的自组织特性。然后，从驱动力和阻力两个方面探讨了战略性新兴产业创新能力形成的动力，并在此基础上构建了战略性新兴产业创新能力形成的“力场模型”。

第 7 章：开放式创新环境下战略性新兴产业创新能力的评价。首先，基于战略性新兴产业创新能力的构成要素以及已有文献关于创新能力评价指标体系相关研究成果的基础上，设计了开放式创新环境下战略性新兴产业创新能力评价指标体系。其次，基于模糊综合评判法构建了战略性新兴产业创新能力评价模型。最后，以成都市高端装备制造业为例进行创新能力评价研究，分析了成都航空航天高端装备制造业和轨道交通高端装备制造业产业创新能力存在的问题并提出了相关对策。

第 8 章：开放式创新环境下战略性新兴产业创新能力提升的对策。首先，分析了我国战略性新兴产业创新发展存在的问题。然后，梳理了发达国家提升战略性新兴产业创新能力的经验，并在此基础上从产业创新文化的培育、创新资源的投入、开放式创新平台的打造、集群式创新战略的实施、产业创新人才战略的实施和产业创新政策的完善等六个方面提出了促进我国战略性新兴产业创新能力提升的对策。

第 9 章：研究结论与展望。本章主要总结了本书研究的基本结论，并指出了本书存在的不足以及将来进一步研究的方向。

1.4　研 究 方 法

本书采用了理论研究、问卷调查与访谈结合、案例分析、比较分析等研究方法，具体如下：

(1) 理论研究。本书在对大量相关文献进行梳理、归纳和研究的基础上，主要运用产业创新理论、开放式创新理论等对战略性新兴产业的创新特征、创新系统、创新能力等进行了理论研究。

(2) 问卷调查与访谈结合。本书运用问卷调查法，获取了战略性新兴产业创新能力评价指标权重以及战略性新兴产业创新能力模糊隶属度等有关的数据资料，为评价指标权重和模糊隶属度的计算提供了数据来源。通过走访政府相关部门、制造业协会以及对行业龙头企业、行业配套企业的实地访谈和调查表发放相结合的方式获取了研究所需资料。

(3) 案例研究。本书以成都市高端装备制造业为例，分别对航空航天装备制造业和轨道交通装备制造业的创新能力进行评价，指出了成都航空航天装备制造业和轨道交通装备制造业创新能力存在的问题并提出了相关对策。

(4) 比较分析。本书选取集成电路设备产业、移动通信产业等两大产业，从创新中心网络和创新支持网络两个方面比较分析了我国与发达国家的两大产业创新系统的构成，并指出了我国两大产业创新系统存在的问题。

第2章 理论基础

2.1 开放式创新

2.1.1 开放式创新定义

在日益激烈的市场竞争环境中，创新无疑是保持企业竞争力与市场地位的关键。然而，随着20世纪末市场环境、技术环境以及社会环境的快速变化，传统的封闭式创新(closed innovation)遭遇到了严峻挑战，已经不适应企业创新发展的需要。创新对外部资源的依赖性越来越强，获取外部创新资源并进行整合创新对企业可持续发展具有重要作用。在此情境下，Chesbrough教授在*Open Innovation：The New Imperative for Creating and Profiting from Technology*一书中，首次提出了“开放式创新”概念，认为企业应该善用外部的知识与创新，结合内部的资源与市场途径，促进新技术的发展，创造出更高的价值；其核心理念在于，有价值的创意可以从公司的外部和内部同时获得，其商业化路径可以从公司内部进行，也可以从公司外部进行[10]。Chesbrough在该书中指出，开放式创新理论强调获取外部资源的重要性，认为要充分利用外部创新知识，通过整合内外创新资源，创造出更高的商业价值，其本质是跨越组织边界，有效整合组织内外部创新资源；并指出开放式创新应突破组织以往封闭的边界，比如一方面组织需要从外界引进更多更丰富的创新元素与能量，另一方面组织内闲置未使用的创意与创新应当通过授权、技术移转或是创新技术内包等方式分享出去，促进创新的流动与分享。随后，国内外学者对开放式创新的定义进行了大量研究。

国外学者Hastbacka强调内外部资源和内外部市场的核心作用，认为开放式创新是企业综合利用内部、外部技术和创新思想，伴随投资、项目和生产的过程进入；指出开放式创新是创新理念和创新范式的转变，其基本范式为企业整合利用内外部技术知识和创意进行创新活动，并提出开放式创新能把企业的能力和资源与外部获得的资源整合起来，并通过多种渠道开发市场机会[73]。Gassmann和Enkel提出开放式创新包括输入、输出和耦合等三个核心过程，其中输入是整合企业利益相关者的知识以提高企业知识存量、增强企业知识新颖度，输出是将企业创意通过外部途径进行商业开发进而实现内部创意的商业价值，耦合是寻找具有互补性的外部合作伙伴将输入和输出过程连接起来[74]。Christensen等认为开放式创新是企业之间、企业与研究组织之间的创新资产的流动与整合[75]。Chesbrough认为开放式创新是有目的地利用流入和流出知识，来加快内部创新和扩大内部创新外部应用市场的两个独立过程[76]。Chesbrough等将知识流动因素考虑在内，将开放式创新定义为利用有目的的知识流入和流出来加速内部创新，同时扩大创新成果的外部应用市场[77]。Chesbrough和Crowther认为开放式创新是指企业能够并应当如同利用内部创意一样利用外部创意，以及内部的和外部的市场化途径，并以此提升企业技术能力的一种范式[78]。West 和 Gallagher 从资源的视角认为开放式创新是通过充分整合企业内外部资源来实现企业内部资源外部化或外部资源内部化的过程，该过程鼓励企业寻找广泛的内外部创新机会，有意识地将其与企业内部资源与能力整合起来，并通过多种渠道利用这些机会[79]。Lichtenthaler 认为开放式创新是在对企业内部和外部动态能力的系统依赖基础上沿着创新过程完成重要的技术管理任务[80]。Rohrbeck 等基于创新生态系统视角认为，开放式创新是核心企业与其他企业之间建立起商业生态系统，以相互交换新的创新思想，进而共同提高技术能力，进行新产品开发，最终满足顾客不断变化的需求[81]。Lazzarotti 和 Manzini 认为开放式创新是一个创新全过程的开放行为，不仅包括前期的新思想的产生、中期的新创意开发阶段，也包含后期的新成果商业化阶段，实现了外部资源内部化和内部资源外部化的目的[82]。Dahlander 和 Gan 基于知识、组织和流程三个视角对开放式创新的内涵进行归纳，其中，知识视角强调开放式创新是对企业内外部知识的整合与利用，是内外部系统进行知识开发、知识保留与知识利用等活动；组织视角强调开放式创新是企业内外部共同作用的结果，是组织边界的外部渗透过程；流程视角则强调开放式创新是知识、信息等资源有目的地在企业内外的流入与流出过程[83]。Chiaroni 等基于组织变迁视角认为，开放式创新是多阶段的组织变迁过程，并将组织变迁过程分为解冻、运动和制度化等三个阶段，并进一步从管理角度提出开放式创新过程包括构建外部网络、调整内部组织结构、建立评估流程和构建企业知识管理系统等四个方面[84]。Van de Vrande 和 Man de Ard-Pieter 将开放式创新视作企业如何进入新知识领域并开发利用知识的过程[85]。Lichtenthaler 基于知识视角认为，开放式创新是在组织边界内部和外部遍布整个创新流程的系统地实施知识探索、记忆和开发的过程(企业对于分布在组织内外部的知识进行扫描、识别、吸收和利用的过程)，并将开放式创新视为企业通过创新过程系统地进行内外部的知识开发、知识保持和知识利用的活动，同时指出如何识别、获取、消化、吸收和利用外部知识的管理能力(包括发明能力、吸收能力、转型能力、连接能力、创新能力和解析能力)是至关重要的[86]。Morris 等基于商业模式视角认为，开放式创新是企业基于新的创新形势下充分利用外部技术知识的经济价值和战略利益，从而在运营和战略两个方面进行变革的新型商业模式[87]。Chesbrough 和 Boger 将开放式创新界定为一种基于管理企业边界内外知识流的、采用与组织商业模式相一致的营利性或非营利性方法的分布式创新过程[88]。

国内学者陈劲和陈钰芬认为开放式创新体系必须要吸纳更多的创新资源，从而形成以企业全体员工、领先用户、供应商、技术合作者以及知识产权工作者等创新利益相关者为基准的多主体创新模式，并基于创新资源配置视角指出开放式创新要通过有效的创新管理和资源配置提高企业技术创新能力[89]。杨武将开放式创新理解为企业探索、认知和把握自身内部和外部机会的一种战略式创新，认为好的技术解决方案或创新理念来自企业的内部和外部且重要程度相同，能使企业以最少的成本和时间实现创新成果的商业化[90]。于开乐和王铁民认为开放式创新对创新资源的认识打破了传统创新思维的藩篱，通过对组织边界的突破，将组织内外创新资源统一到一个组织系统中，并扩展创新来源[91]。江积海从知识管理角度认为实施开放式创新企业需要构建开放式创新价值网的动态能力、增大创新和结网的意愿、增加企业已有的知识存量，从而加快企业从外部获取知识、整合知识速度，最终实现知识创新[92]。刘向东和孙道银认为开放式创新是企业对广泛吸纳的外部创新成果加以利用，并在不违背自己的竞争策略以及保证企业利润的前提下，把内部的创新成果有偿地为其他组织所有的一种创新模式[93]。于淼认为开放式创新意味着有价值的知识呈更广泛的分布，识别、获取和利用外部知识源是其核心过程[94]。俞珊、郝斌和任浩认为开放式创新是不同利益相关者共同参与价值创造的过程，该过程将内部创意和外部创意整合到同一组织框架内，并生成全新的产品技术与服务功能[95]。汪涛从知识到价值创造过程对光华伟业如何开放式创新进行研究，指出企业开放式创新包括创新知识产生、创新知识内化和创新价值开发等三个阶段[96]。朱晓霞等将开放式创新定义为通过跨越组织边界，利用内外部的互补资源，并在创意产生、研究开发、新产品试制到产品市场化的创新各个阶段，与领先用户、零件供应商、设计公司、竞争对手等进行有过程、有目的的动态合作创新模式[97]。易锐和夏清华认为开放式创新作为一个复杂的系统过程，既包含了组织内部资源、能力、知识的动态成长，也包括了组织外部价值网络的动态演进和价值共创[98]。果艳梅认为开放式创新是企业同时从内部和外部获得有价值的创意、技术、市场信息和人力资本，并运用内外部的研发优势实现 R&D 成果的商业化过程；并从知识流动管理视角认为开放式创新本质上是有效管理企业的知识流入和流出[99]。马法尧等结合高端装备制造业的高技术、高附加值等特征，将开放式创新定义为高端装备制造企业在全球开放竞争的环境下，以提升产业创新能力为目标，通过跨组织边界获取外部技术知识、整合内外部创新资源、促进创新知识在产业内外创造和扩散或应用，进而创造更高商业价值的群体创新过程[100]。耿瑞利和申静基于知识共享和整合角度认为开放式创新是企业与各个利益相关者之间形成价值网络体系，通过价值网络体系实现知识资源共享、整合，从而推动价值网络体系增值和各个利益相关者的创新[101]。牟绍波和叶勇基于产业创新的视角认为产业开放式创新是产业创新主体（如企业、科研机构和大学等）通过构建开放式创新网络、整合外部创新资源、促进创新知识扩散和应用、不断提升产业创新能力并最终获得商业价值的开放式发展过程[102]。曾靖珂和李垣认为开放创新是指企业在内部创新的基础上打开企业边界，引进外部创新资源和要素，通过协调内外部资源和能力，促进企业高效创新；并指出开放创新的形式包括技术购买、风险投资、委外研发、战略联盟、合资企业以及兼并收购[103]。

此外，龚敏卿和肖岳峰认为在动态竞争的环境下，企业封闭式创新已经不能适应新的经营环境，必须与外部环境建立最广泛的联系，在知识传播和共享中实现知识的整合；同时，企业开放式创新具有边界可渗透性、网络动态性和知识共享性等三个显著特点[104]。张培和杨迎认为多主体参与的开放式创新具有如下特征[105]：主体多元性（开放式创新是一种基于企业战略目标的多主体参与的服务创新模式，企业通过内外部的创新源构建创新网络，跨越组织边界创造价值），互动导向性（企业通过开放组织边界与其他参与主体进行多层次互动，存在复杂的信息交互，资源共享），价值共创性（服务创新成果并不是由单个企业所决定的，而是由企业、顾客、供应商等参与主体协同作业而形成的一种内联外合的战略互补的服务创新模式），开放融合性（组织边界逐渐从清晰走向模糊，从封闭走向开放，并且企业在服务创新过程中将吸纳更多地参与主体和融入更多的创新因素，体现出明显整合性特点）。

开放式创新作为一种全新的创新模式，其与传统的封闭式创新相比，存在较大的区别，具体如表 2-1 所示。

表 2-1 封闭式创新与开放式创新比较

	封闭式创新	开放式创新
人才	本行业里最聪明的员工为我们工作	并非所有的聪明人都为我们工作。我们需要和企业内外部的所有聪明人合作
研发来源	为了从研发中获利，我们必须自己进行发明创造、开发产品并推向市场	外部研发工作可以创造巨大的价值，而要分享其中的一部分，则必须进行内部研发
研发先发优势	如果我们自己进行研究，就能最先把产品推向市场	我们不是非要自己进行研究才能从中受益
市场先发优势	最先将创新商业化的企业将成为赢者	建立一个更好的商业模式要比贸然冲向市场好得多
想法来源	如果我们创造出行业中最多最好的创意，我们必将胜利	如果我们能充分利用企业内外部的创意，我们必将胜利
知识产权	我们必须控制知识产权，这样竞争对手就无法从我们的创意中获利	我们应当通过让他人使用我们的知识产权而从中获利，同时应当购买别人的知识产权，只要它能提升我们的商业模式

资料来源：Chesbrough H. Open innovation：the new imperative for creating and profiting from technology[M]. Boston：Harvard Business School Press，2003。

2.1.2 开放式创新模式

开放式创新作为一种新范式，是相对封闭式创新的一种全新创新模式，如图 2-1 所示。关于开放式创新模式，国内外学者从不同的角度进行了大量研究，具体如下[106]：

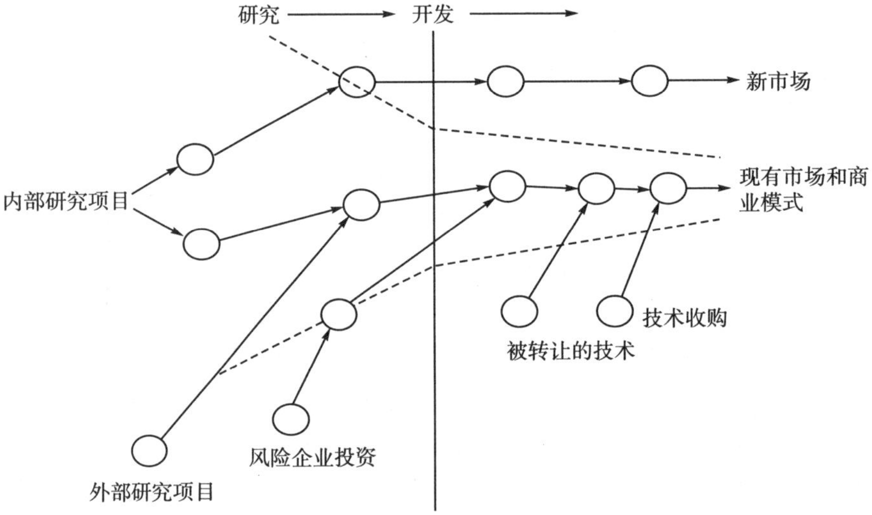

图 2-1 开放式创新模式①

① 资料来源：亨利·切萨布鲁夫. 开放式创新——进行技术创新并从中赢利的新规则[M]. 金马，译. 北京：清华大学出版社。2005。

国外学者 Gassmann 和 Enkel 将开放式创新分为内向型开放式创新、外向型开放式创新和耦合型开放式创新三类，其中耦合型开放式创新是指企业在创新网络中同时进行内向型、外向型两种开放式创新的创新模式[107]。Fetterhoff 和 Voelkel 提出五阶段开放式创新模式：识别机会、评估市场潜力、选择合作伙伴、获取商业价值和扩展创新范围[108]。Leadbeater 将打破企业边界的创新形式分为内向创新和外向创新，前者是指创新资源伴随投资、项目和生产过程，从不同来源流入企业；后者是指借助某一平台，通过一定的联接机制，不断将跨越组织边界的创新参与者纳入进来，创新也随之不断发生演化[109]。Lazzatotti 和 Manzini 基于创新过程视角，将开放式创新分为[110]：创意产生、研究开发、实验、生产、市场化五个阶段，其中创意产生、研究开发和实验三个阶段对用户开放，允许其参与到产品的需求、概念设计和测试中[111]。Enkel 等指出内向型开放式创新包括早期的供应商整合，与客户共同开发，外部知识获取、技术许可和购买专利[112]。Dahlander 和 Gan 根据知识流动方向和是否获利，将开放式创新分为内向获利型(外部知识的有偿获取)、内向非获利型(外部知识的整合，涉及企业如何利用外部创新资源)、外向获利型(内部技术的有偿输出)、外向非获利型(内部技术的展示)等四种创新模式[113]。Spithoven 等认为内向型开放式创新包括技术许可、获取技术、共同开发[114]。Gronlund 指出内向型开放式创新包括三个部分：技术许可协议、非股权联盟和技术服务[115]。Lee 等认为网络化是推动中小企业开放式创新的有效途径，将开放式创新过程分为探索式创新和利用式创新两部分，并认为后者是中小企业开放式创新的主要模式[116]。Dahlander 和 Gann 考察了四种类型的开放式创新：获取、销售、采购和揭示，其中获取和采购与内向型开放式创新有关，即将外部资源整合到企业内部创新活动[117]。Lichtenthaler 认为开放式创新突破了封闭式创新下的本地发明和本地商业化的局限，并指出开放式创新包括技术的外部获取和技术的外部商业化应用两种类型[118]。Von Hippel 基于创新过程和结果两个维度将开放式创新分为四类：封闭式创新/独占式创新，私有的开放创新，公开创新，相当于完全开放的创新[119]。Belderbos 等以企业的探索式创新和开发式创新为分类维度，结合发明活动中参与主体的数量，将开放式创新划分为四种类型：单独探索式、合作探索式、单独利用式和合作利用式[120]。Bianchi 等采用组织模式指代开放式创新输入和输出的类型，提出普遍的创新输入包括获得技术许可、收购、组建合资企业、契约研发和设立研究基金、购买科技服务等方式；典型的开放式创新输出包括对外技术许可、组建衍生企业、出售创新项目、组建技术商业化合资企业、提供科技服务、组建风险投资公司等类型[121]。Knudsen 和 Mortensen 结合创新的源泉特征，将开放式创新划分为四种：完全封闭创新、完全内部创新、完全外部创新、开放式创新[122]。Ye 和 Kankanhalli 在分析开放式创新收益与挑战的基础上，认为开放式创新包括内向许可、联盟、开放式网络、用户社群等四种实现机制[123]。Felin 和 Zenger 则依据跨组织沟通渠道、创新激励和知识产权归属，将开放式创新分为基于市场、基于伙伴、基于竞赛以及基于用户或社群创新等四种类型[124]。Ahn 等认为创新的开放性可以通过合作意愿来解释，即企业出于信任方面的问题倾向于同外部合作伙伴开展多种形式合作[125]。

国内学者郑刚等通过对中集集团自主创新模式进行案例研究，提出了全面成本领先和高起点引进、高速度吸收、高水平超越，即以“三高”为特色的开放式自主创新模式及概念模型[126]。于开乐和王铁民根据“外部创意转化为创新的程度”和“外部创意转化为持续创新能力的可能性”两个维度组成框架，认为开放式创新包括四种典型机制：完全复制、逆向工程、合资-战略联盟以及并购[91]。陈钰芬基于U-A模型分析了不同产业的企业在进行技术创新的不同阶段所包含的关键外部创新要素，构建了开放式创新动态模式，将开放式创新分为产品创新、工艺创新和平台创新，认为不同阶段的开放式创新模式所需的外部创新要素数量、技术能力和市场能力也有所不同[127]。朱朝晖基于双元学习协同视角认为实施开放式创新企业需要构建探索性学习能力和挖掘性学习能力，构建了基于持续创新能力的动态协同模式[128]。陈劲和王鹏飞通过对中控集团创新项目的案例研究认为，企业应进行“选择性开放式创新”，并将创新过程分为基础研究（以大学及科研院所为主）、应用开发和改进（以相关企业为主）、国际竞争（涉及相关标准申请，以政府为主）三个阶段[129]。葛秋萍和辜胜祖认为基于资产纽带和契约纽带的开放式创新实现途径较为固定，包括购买专利或技术所有权、成立合资公司、投资参与研究机构项目、实现技术合作或战略联盟等[130]。石芝玲和和金生基于技术能力和网络能力构建了内部技术能力和外部网络能力协同的开放式创新模式，认为技术能力和网络能力高度协同下企业创新绩效最高[131]。汪涛等基于光华伟业的案例研究显示，企业开放式创新模式可分为创新知识产生、创新知识内化、创新价值开发等三个阶段[132]。陈钰芬根据企业创新实践中的外部组织类型，将开放式创新模式分为面向科学合作伙伴开放、面向横向合作企业开放、面向技术相关组织开放和面向价值链上的合作伙伴开放四种类型[133]。张振刚等认为在开放式创新发展过程中，按照企业整合内外部资源方式和程度的不同，开放式创新可分为内向型开放式创新和外向型开放式创新[134]。高良谋和马文甲通过比较开放式创新、合作创新和用户创新，认为开放式创新过程可系统分为创新的模糊前端阶段、中期开发阶段和后期商业化阶段[135]。杜晓静等认为基于互联网的开放式创新模式是利用互联网技术实现传统的“创新网络”高效化，并强调构建一个基于互联网的开放式创新生态系统[136]。张明玉提出云模式（一种基于网络的开放式创新模式），其能够打破各企业独立经营壁垒，虚拟化集成和调度创新资源，并向多用户提供质优价廉、标准透明的服务[137]。马文甲和高良谋将市场动机和技术动机作为开放式创新模式的划分指标，并根据动机程度的高低将开放式创新分为四种类型：保守型（企业开放式创新的市场动机和技术动机都低，以渐进性创新为主），技术创新型（企业开放式创新的技术动机高、市场动机低，以激进式创新为主），市场扩张型（市场动机高、技术动机低，以渐进式创新为主）和双元型（技术、市场动机都高，渐进式、激进式都存在，即双元式创新），具体表现为技术获取、技术引进、共同研发新技术、营销模式变革、维持或重塑市场、开发新产品市场等[138]。孙冰等认为开放式创新模式既包括传统的产学研模式，也包括新兴的开源软件项目模式，还包括在整个开放式创新过程中起到重要作用的中介服务机构的引入模式[139]。夏恩君和宋剑锋将整个开放式创新分为联系、研究和发展等三个阶段，提出“先联系后研发”的创新理念并强调联系过程对开放式创新的重要性[140]。何郁冰和张春迎根据创新网络类型将开放式创新模式分为单向合作、浅层次双向互动或深层次双向互动、单向合作和浅层次双向互动、浅层次双向互动和深层次双向互动四种类型，具体表现为技术转让、委托开发、联合研发、共建研究机构和经营实体等多种形式[141]。李志强和果艳梅构建了内向型开放式创新的理论模型，分析并验证了吸收能力、知识共享与创新绩效的关系，提出通过鼓励内部知识共享来促进内向型开放式创新企业的创新绩效[142]。吕一博等认为大学驱动型开放式创新生态系统构建需经历核心成员聚集、基本框架搭建和系统动态发展等三个阶段，指出三个阶段的构建机制分别是专家主导机制、制度化机制、利益共享机制和技术主导机制[143]。李若辉和关惠元基于企业价值链流动视角，将开放式创新过程分为价值洞察、价值创造、价值传递、价值转化等四个阶段，并探讨了智能化背景下开放式创新对企业商业模式演化的影响作用[144]。

2.1.3 开放式创新能力

国外学者 Chiristensen 认为开放式创新能力是在开放式创新模式下企业创新能力的具体化；并指出在开放式创新模式中，对企业能力的要求已经超过原来的技术创新能力范围，开放式创新能力是一种更加系统综合的能力概念[145]。Lichtenthaler 等基于开放式创新内外部知识的开发、保留和利用三个关键流程，认为开放式创新能力是多种不同组织能力的有效集合体，包括发明能力、转变能力、创新能力、吸收能力、连接能力和解吸能力[146]。Fang 和 Rice 认为有效的知识吸收能力是加速企业创新效率的关键[147]。

国内学者陈钰芬和陈劲将企业开放式创新能力细分为获取市场信息资源的能力、获取技术资源的能力和制造能力，并验证了信息的获取能力与技术获取能力对于提升创新绩效的显著作用[148]。陈劲等将开放式创新能力定义为两种：实际吸收能力与潜在吸收能力，认为实际吸收能力包括知识转化、整合、利用的能力，而潜在吸收能力包括知识获取、消化能力[149]。石芝玲和和金生认为开放式创新能力的要素包括内部能力要素（技术能力）和外部能力要素（网络能力），并指出企业网络能力是基于技术能力，通过识别和发现网络价值机会、维持网络间关系和引导网络变化的能力[131]。张永成和郝冬冬认为知识共享一方面提高了组织网络成员的知识存量，丰富了成员的知识库，为开放式创新提供了充足的外部知识源；另一方面，知识共享经过知识转移和加工形成知识创造，促进成员间知识的共同创造，提高了开放式创新的效率；此外，知识共享有利于知识的商业化应用，从而便于企业对外部新知识的获取，加速开放式创新[150]。于淼基于知识视角，认为开放式创新能力是企业配置、整合和转化知识的能力，认为知识特性与开放式创新能力有三种对应范式：内隐性与配置能力、复杂性与整合能力、系统性与转化能力[94]。陈艳和范炳全以中小企业为研究对象，将开放式创新能力分解为发明能力、吸收能力、变革能力、连接能力、创新能力和解吸能力，并指出需要致力于企业吸收能力、连接能力的提升来促进开放式创新能力体系的完善[151]。牟绍波和王相平以高科技产业集群为研究对象，从集群层面认为开放式创新能力是创新主体整合、创造和应用技术知识并产生更高商业价值的动态能力，认为高科技产业集群开放式创新能力实质是一种动态整合能力，其构成要素包括技术吸收能力、市场能力、创新文化和社会资本等[152]。朱建民和郝克宁将开放式创新能力定义为企业的吸收能力、集成能力、原创能力[153]。高良谋和马文甲从网络能力角度在分析开放式创新困境的基础上，从战略、过程、内容和关系四个维度重新剖析和构建了开放式创新下的网络能力结构；并认为开放式创新范式下，组织的网络战略能力、网络过程能力、网络知识能力、网络关系能力等网络能力将得到提升[135]。董黎晖等基于知识管理视角对中小企业开放式创新能力进一步细化，认为应该通过培育企业吸收能力、连接能力与转换能力来带动创新能力的提升[154]。王珊珊等以新兴产业为研究对象，认为新兴产业开放式创新能力是通过多主体联动及其资源的有效集成，实现技术突破和进步，并快速转化为新产品和开拓新市场的能力，由创新投入能力、创新资源整合能力、创新产出能力和创新扩散能力等四个维度构成[155]。马法尧等以高端装备制造业为研究对象，认为其开放式创新能力是所有创新主体，通过对外部知识的获取、吸收、整合及转化创造更高商业价值的能力，由技术吸收能力、创新投入能力、创新转化能力、创新产出能力和环境支撑能力等要素构成[100]。储节旺和吴川徽认为开放式创新能力反映了企业开放式创新的水平、手段及能力，开放式创新能力体现为企业市场能力和知识整合能力，其中市场能力包括企业的发明能力、贸易能力，知识整合能力包括企业的辨别能力、吸纳能力[156]。

2.2 产 业 创 新

2.2.1 产业创新定义

产业创新理论最早由英国的学者 Freeman 首次提出，他认为产业创新是一个复杂创新系统，该系统是产品技术和流程创新、人员技能创新、市场环境创新以及管理和组织创新等的有效集成体[157]。国内学者管顺丰等认为广义上的产业创新是创新主体通过各种创新方式(如技术创新、环境创新和组合创新等)，使产业实现质的飞跃的一种创新活动；狭义上的产业创新是各个创新主体在技术创新的过程中，通过相互合作从而实现新产品开发及研究成果的商业化应用，最终提升产业竞争力推动产业的发展[158]。张文强认为产业技术创新是建立在一般企业技术创新的基础之上，同时涵盖技术创新与产业结构调整、产业组织变化的关系，以及技术创新在产业和企业之间的扩散过程等[159]。王桂军和曹平指出产业创新是创新理论的重要分支，是以技术、产品、工艺、组织等创新为基础，以企业创新为单元，以改变产业结构现状或建构全新产业为目的，以开放式创新与创新扩散为条件和路径，基于演化论及系统论的中观层面创新[160]。

2.2.2 产业创新系统

关于创新系统概念的界定，国外学者 Lundvall 认为创新系统狭义上是一个扩展版的国家科学系统，聚焦于高科技产业的激进型创新，系统的核心要素是研究密集型企业、大学和政府技术研究院；创新系统广义上是国家科学系统与国家生产系统的融合，并将低技术部门和活动与高科技部门和活动视为同等重要，将渐进性创新与根本性创新视为同等重要，将基于经验的学习与研究工作和科学知识的使用视为同等重要，且几乎所有政策领域都被视为影响创新过程的要素[161]。

通常，创新系统可分为国家创新系统、区域创新系统、产业创新系统和企业创新系统四个层次。其中，产业创新系统是国家创新系统和区域创新系统的重要组成部分，在创新体系中扮演着联结企业创新系统和国家创新系统之间的桥梁，对产业的技术创新具有重要推动作用。不管是国家创新系统、区域创新系统还是产业创新系统，都包括促进知识的生产、扩散、储存、转移、传播和应用的机构，即包括了知识创新体系(大学、科研机构等)、技术创新体系(企业等)、知识传播和应用体系(学校、社会、企业等)、技术创新服务体系(创新服务机构)[162]。

1. 国家创新系统

孙飞翔和吕拉昌对国家创新系统国内外相关研究进行了详细的梳理和分析，具体如下[163]。

Freeman 正式提出国家创新系统概念，认为国家创新系统是公共部门和私营部门中不同组织形成的网络，网络中组织的活动与互动能够激发、引进、改进和扩散新技术[164]。自 20 世纪 80 年代中期，以弗里曼为代表的学者们提出国家创新系统以来，作为创新研究的重要理论之一，创新研究的系统视角得到了广泛的应用。此后，关于国家创新系统的研究日益增多，其中经济合作与发展组织(Organization for Economic Co-operation and Development，OECD)吸收并使用国家创新系统方法开展了一系列重要研究。目前，普遍公认的国家创新体系概念是由经济合作与发展组织给出的，即国家创新系统是一组独特的机构，它们分别地或联合地推进新技术的发展和扩散，提供政府形成和执行关于创新政策的框架，是创造、储存和转移知识、技能和新技术的相互联系的机构系统[165]。此外，Olbrich 和 Witjes 指出国家创新系统由不同的行动者、组织以及相互之间的关系组成，受地域边界的限制，同时能够跨越这一边界与其他国家创新系统中的行动者产生联系[166]。

国内学者孙瑶和蒋瑛指出任何一个开放国家创新系统的发展都是一个自组织演化的动态过程，认为外资研发活动对东道国国家创新系统自组织演化的作用在于强化该过程的前提基础、动力机制和涨落作用，提出政府需要从吸收先进技术的能力、外资研发机构与我国企业和研究机构的关联性、创新市场的竞争性以及技术人力资源等方面加强外资研发对国家创新系统的作用[167]。曾德明和彭盾指出国家创新体系是一个开放的系统，国家创新体系国际化表现为跨国公司的 R&D 国际化与东道国的组织进行物质、能量和信息的交换，将人员、资金、信息等输入转换为新技术、新产品等输出；并基于耗散结构理论视角对国家创新系统的国际化开展了研究，认为 R&D 国际化使得各国国家创新体系内部和外部环境条件都发生变化[168]。刘云等认为国家创新体系是一国政府、企业、大学、研究机构、中介机构等为了提升创新能力以实现共同的社会和经济目标而构成的相互作用的复杂网络体系，既是影响创新的各种制度、政策和机构构成的制度组织网络，也是各种创新主体围绕着创新行为展开交互作用的社会行动网络，以及各种创新资源以多种方式相互结合的资源配置网络；认为国家创新体系国际化主要包括创新制度和组织网络的国际化、创新资源流动和配置的国际化以及创新主体互动和创新活动的国际化等三个重要方面[169]。宋伟等从系统论视角考察，国家创新系统是一个复杂的巨系统，其复杂性体现在构成要素的多元性、层次的多样性、相互关系的动态性和多样性，并基于知识流动的视角解析国家创新系统结构，在此基础上分析了中国国家创新系统的从线性到非线性系统结构的演进过程[170]。崔新健等指出开放式国家创新系统是指为了提高创新能力，创新系统主体不仅通过内部互动与合作，而且进行与外部创新主体的互动所形成的开放式创新网络，实现创新主体及创新资源在空间与组织上的重整，其本质是创新资源优化配置的全球化；从微观主体角度看，开放式国家创新系统是由企业、高校、科研机构、政府、中介机构等主体要素构成；从投入要素视角看，开放式国家创新系统投入要素主要包括人力、资源和技术等[171]。刘云等首次从系统和动态演进的视角，构建了国家创新体系国际化“要素－制度－功能－阶段”四维分析模型，并基于该模型设计了国家创新体系国际化评价指标体系，并对包括中国在内的 21 个国家的国家创新体系国际化综合水平进行了评价研究，从要素、制度和功能三个维度提出了我国国家创新体系国际化发展的改进建议[172]。王德华和刘戒骄认为构建国家创新体系需要国家层面上的系统创新战略，指出政府应当把人才培养、基础研究、企业创新、产学研合作等统筹考虑，提高国家投入，加强人才培养和基础研究，综合运用研发税收抵扣、直接资助、财政补贴和政府采购等手段促进企业创新和产学研合作，建立覆盖全国的动态创新网络[173]。崔新健和章东明阐述了国家创新系统开放状态的两种形式(开放式国家创新系统和国家开放式创新系统)，指出国家创新系统开放性特点包括国际创新合作趋势加强和不同子系统内创新合作趋势加强，并认为国家创新系统向开放式国家创新系统演化主要依靠国家层面的国际交流路径，制度环境(教育传统、基础研究基金模式、国家技术政策以及在相关工业行业的技术积累等)、东道国的跨国研发中心和国家硬件环境都会影响国家创新系统的演化[174]。

此外，曹洋等指出科技中介组织在国家创新系统中具有承上启下的作用，是市场经济中政府推动科技进步与技术扩散的重要渠道，并认为科技中介组织促进了创新系统内各参与主体的良性互动[175]。崔永华指出边界组织作为国家创新体系的重要组成部分，在促进知识交流、增强国家创新体系中的知识流动与扩散，提高系统整体的创新能力等方面发挥着不可替代的作用；并以国家创新体系理论为基础，从边界组织概念出发，提出了以边界组织为基础的国家创新系统知识流动框架[176]。

2. 区域创新系统

国外学者 Cooke 等认为区域创新系统是一个支持并产生创新的区域性组织体系，它主要由生产企业、研究机构和高等教育机构等主体构成，各主体在地理上相互分工并关联[177]。Bracgyk 等从治理维度出发，把区域创新系统分为基层型区域创新系统、网络型区域创新系统和统制型区域创新系统；从企业创新维度出发，把区域创新系统分为当地型区域创新系统、互动型区域创新系统和全球型区域创新系统[178]。Cooke 等认为区域创新系统的概念源自演化经济学，企业的互动学习和变革过程已经超越了其本身，涉及大学、研究机构、教育和金融部门等，如果这些部门之间在特定区域内互动频繁时，就可以认为存在一个区域创新系统[179]。Lambooy 认为区域创新系统是由区域生产中的合作者组成的互动的、动态的结构，这些体系能使区域经济各主体充分发挥和扩展其才能，也能引导那些致力于建立认知能力(如学习、研究等）和构筑企业网络的政府和组织[180]。Asheim 和 Isaksen 基于 Cooke 关于区域创新系统的定义，强调创新系统中创新主体的多元性，认为区域创新系统是由支持组织围绕两类主要行动者及其相互作用组成的区域集群[181]。Buesa 等认为区域创新系统是一个复杂的动态演化系统，演化的主要方向是内生的，即由系统内部的创新主体子系统、创新环境子系统以及创新资源子系统中各种要素的改变来确定的[182]。Asheim 和 Coenen 将区域创新系统分为三种类型：第一种类型是领土镶入型区域创新系统，主要利用综合型知识基础；第二种类型是区域网络创新系统，应用综合型和解析型两种知识基础，是一种理想的区域创新系统；第三种类型是区域化的国家创新系统，所应用的主要产业知识基础是解析型知识基础[183]。Omta 和 Fortuin 认为区域创新系统的运行主要源于创新活动的空间集聚所产生的输入与输出，这一过程伴随着大量的资源使用和系统内部的学习互动，增加了主体间的交流速度，降低交易成本，并使得各行为主体分享一个共同的经济社会环境，从而形成高度的信任和文化认同[184]。Mattes 等认为区域创新系统是在一定的经济区域内，在政府制度及政策的协调下，与创新紧密联系的创新主体企业、研究机构及高等院校，依靠政府、金融机构、中介机构及市场等创新支持要素提供的创新资源与创新服务，凭借一系列创新条件与环境，推动区域技术、知识等创新的创新网络[185]。

关于区域创新系统的定义，国内学者黄鲁成认为区域创新系统是指在特定的经济区域内，各种与创新相联系的主体要素(创新的机构和组织)、非主体要素(创新所需要的物质条件)以及协调各要素之间关系的制度和政策网络[186]。刘曙光和徐树建指出区域创新系统包含主体要素、客体要素和环境要素等三个要素集合，其中主体要素包括企业、政府、高校教育机构以及中介服务机构等；客体要素包括知识创新、技术创新、制度创新等；环境要素即系统所处的外部环境，政治、经济、社会、文化等都属于环境要素，更微观的还包括国家或者政府制定的法律、政策、法规等[187]。王祥兵等指出区域创新系统是在特定的经济区域内，各种与创新相联系的主体要素(参加技术创新和扩散的企业、大学及研究机构、科技中介服务机构以及政府等)、非主体要素(创新所需要的物质条件)以及协调各要素之间关系的制度和政策网络；认为区域创新系统是一个动态的非线性系统，其演化方向和路径与企业和科研机构的风险意识、学习行为、博弈支付、系统演化的初始制度及环境状态等有关[188]。唐书林等指出区域创新系统是在一定的地理范围内，与区域主体(包括企业、大学和研究所、社会服务机构等)的创新投入相互作用的创新网络和制度的行政性支撑安排，认为技术创新是许多行为主体的相互激励和影响的产物，表明技术创新已从有限边界的单个主体向开放式主体的网络化过程转变[189]。刘强等强调“主体构成”，将区域创新系统定义为在特定的区域范围内相互联系并且产生联系的企业、高校、研究机构、中介和政府等创新主体构成的空间组织结构体系[190]。王利军等认为区域创新系统是在一定的空间范围内发生的创新活动的总和，是不断创造、转让、扩散新知识、新技术进而推动区域创新发展的系统，是根植于一定区域的开放系统；该创新系统由众多的创新主体构成，创新主体之间在创新内容上的合作，创新投入与主体、创新主体与产出等子系统相互作用形成区域创新系统[191]。

关于区域创新系统的划分，国内学者杨剑和朱亚坤将区域创新系统划分为创新主体网络、创新基础、创新资源及创新氛围四个子系统[192]。王邦兆等将区域创新系统划分为知识创新子系统、技术创新子系统及创新服务子系统[193]。

关于区域创新系统的运行机制，国内学者关云飞和詹湘东认为区域创新系统运行机制分为知识创造机制、知识共享机制及知识应用机制[194]。张座铭和宋丽萍指出区域创新系统运行机制是由企业、政府、中介机构、大学及科研机构、科技成果转化平台等共同参与的，实现原始创新、集成创新、消化吸收再创新及协同创新的体制机制[195]。

此外，也有学者从其他方面对区域创新系统进行了研究。谢庆红和黄莹将区域创新体系模式总结为两类：一是基于区域创新体系的组织要素结构，将区域创新体系分为研究开发主导型模式、企业(产业)主导型模式、研发-企业(产业)互动型模式和投资主导型模式；二是基于创新资源的配置机制以及创新动力，将区域创新体系分为市场主导型模式、政府主导型模式、政府与市场共推型模式[196]。寸晓宏和卢启程基于复杂网络理论的视角，分析了区域创新系统持续创新能力的来源，建立了风险投资与区域创新系统的关系模型，研究了风险投资在区域创新系统实现持续创新中的贡献和作用机理，发现风险投资有助于区域创新系统克服"市场失灵"和"系统失灵"，增强区域创新系统的稳健性[197]。周洪文和宋丽萍认为我国区域创新系统变迁的重要原因在于创新产出的集聚度不断提高，指出了区域创新组织系统、地区产业结构以及企业创新参与程度、产学研合作机制都是导致我国区域创新绩效地区差异不断增大的重要原因[198]。苏屹等分析了区域创新系统内涵及耦合特性，划分了区域创新系统(包括创新子系统和创新支持子系统)，设计了区域创新系统耦合度评价指标体系，构建了区域创新系统耦合度测度模型，研究发现各区域创新系统耦合度的分布大致呈金字塔形[199]。

3. 产业创新系统

随着对创新问题研究的不断深入，产业创新系统正逐渐成为热点问题。产业创新系统既是国家创新系统在产业层面的细化，也是产业经济研究向系统研究方向的扩展，更多关注于产业技术发展过程中各要素和机构间的逻辑联系。

国外学者 Breschi 和 Malerba 在国家创新系统研究的基础上，结合演化经济学理论和动态学习理论，提出了产业创新系统概念，认为产业创新系统是开发、制造产业产品和产生、利用产业技术的公司活动的系统，包括"一组特定产品构成的系统，其中的一系列部门为这些产品的创造、生产和销售提供了大量的市场和非市场的互动"[200]。Malerba 和 Main 认为产业创新系统是动态的、不断变化的，指出产业创新系统由企业、除企业外的其他参与者、网络、需求、知识基础、制度和系统运行进程与协同演进等七个基本要素组成[201]。

国内学者陈传宏和邹珊刚针对医药产业技术创新体系进行了研究，认为医药产业技术创新体系是指孕育、研制、孵化、制造、扩散医药创新技术和创新产品的规划管理、科研、生产与使用等部门之间形成的一种有机组合，一种为实现整个产业的技术创新而设计的管理体制、激励模式和政府、行业管理部、科研机构、大专院校、医药生产企业、医药销售渠道和医院等相关部门之间的协作配合关系[202]。张凤和何传启率先提出了产业创新体系的概念，认为产业创新体系是指参与产业相关的知识创新和技术创新的机构和组织共同构成的网络系统，这些机构和组织既包括本国的又包括国际的，其活动或行为的目的都是促进和提高产业的创新能力和产业的竞争力[203]。柳卸林[204]指出产业创新体系是对网络关系的确认，其中网络结点由生产链上的关联企业、知识生产机构、中介机构以及顾客等要素共同构成，而结点之间的互动关系主要由以技术或网络联结特点等分类的企业和部门之间的相互联动呈现，贸易流动、知识流动等是结点之间的主要联结方式[205]。张治河把产业创新体系定义为网络体系，市场需求是其动力，政策调控是其导向，良好的国内外环境是其保障，创新性技术供给是其核心，实现特定产业创新是其目标[206]。张治河等认为产业创新系统是以企业活动为中心，以知识发展为基础，以市场需求为动力，以政策调控为导向，以良好的内外环境为保障，以创新性技术供给为核心，以实现特定产业创新为目标的网络体系，并认为产业创新系统包括产业创新政策系统、产业创新技术系统、产业创新环境系统和产业创新评价系统[207]。苟仲文等在分析电子信息产业创新体系的形成动因和创新机理的基础上，认为电子信息产业创新体系是由技术创新、产业链创新、产业集群创新、应用创新和政策创新所构成[208]。李庆东将模块化理论和产业创新系统理论进行了有机结合，将产业创新系统分为四大模块(边界和需求模块、知识基础与技术模块、参与者与网络模块和制度环境模块)，并在四大模块的基础上构建了产业创新系统的结构模型，探讨了产业创新系统的模块化结构的变化性、差异性、动态稳定性和相对性[209]。胡明铭和徐姝认为产业创新体系是以生产链上的相关企业、知识生产机构、中介机构和顾客等为网络结点构成的一个网络系统，其与国家创新系统和区域创新系统一样，既强调行为主体的创新绩效，也重视企业与非企业组织之间的互动作用，以促进产业创新为目的，把知识和技术体制、制度摆在突出的位置加以考虑[210]。于丽敏和刘继云认为产业创新体系是指以产业链为基础、以企业为主体、以市场为导向所建立的企业内部、企业之间以及企业和政府、社会的联系网络，是促进创新要素向企业集聚，推动产业内新技术或新知识的产生、流动、更新和转化，达到增强企业创新能力、实现产业升级和提升竞争力的重要一环[211]。陈劲率先将产业创新体系与国家创新体系联系起来，认为国家创新体系是各种区域创新体系和产业创新体系子体系的综合体，子体系又可以根据不同的产业、区域和关键技术进行进一步划分；产业创新体系与国家创新体系类似，也可以通过推动创新主体之间的协作和知识的流动，来推动产业的发展[212]。彭勃和雷家骕将产业创新系统分解成知识、各方参与人、网络等要素，着重从系统和动态的视角分析要素之间的相互作用和共同演化，并强调行为主体的“有限理性”和环境的不确定性[213]。李强和郑江淮在区分平台创新、部件创新和设计创新等三种创新类型的基础上，将战略性新兴产业创新系统分为低端进入、新市场创造和高端进入等三种[214]。赵一鸣等指出产业创新系统是一个开放式的网络，反映了龙头企业通过核心产品带动上下游企业实现协同创新的过程，通过创新资源的流动和配置发挥了产业链整体创新的竞争优势，认为产业创新体系具有层次性、结构性、传导性、开放性、协同性等特征[215]。汪良兵等基于复杂系统论的视角，认为产业创新系统是以良好的国内外环境和政策体系为保障，以市场需求和科技进步为动力，以产业创新价值链为其核心内容，以实现特定创新产出为目标的复杂网络体系，并将我国高技术产业创新系统分为创新环境、技术研发、技术吸收、创新产出等四个子系统[216]。凌和良认为产业创新系统是一个以产业相关企业为主体，科研机构、中介机构和政府积极参与，以实现产业技术、信息和人才合理流动，促进相关产业的有效创新，提升产业整体竞争力的网络系统[217]。李巍和郗永勤基于创新链视角，认为战略性新兴产业创新系统是由大学、科研机构、企业、政府、金融机构等参与主体，以发展知识经济、循环经济、低碳经济为导向，以良好的产业环境为保障，通过社会需求驱动、科技研发创造、技术传播辅助等功能链接的活动来产生创新效益的复杂网络关系系统[218]。冯昊提出产业创新体系由创新要素、创新环境、创新过程和创新效益等构成，其中创新要素是内在基础，创新环境是外在保障，创新过程是产业创新体系价值流动的过程和体现，创新效益是效能和价值的外在体现[219]。

2.2.3 产业创新动力

创新是指把一种从未有过的生产要素的新组合引入生产系统，其目的在于获得潜在利润。创新动力研究始于熊彼特的创新发展理论。创新动力一直是创新研究领域的核心问题，受到国内外学者的高度重视。创新动力是驱动创新活动进行的直接引致因素，是激发创新主体投入大量人力、物力和财力进行研究开发和开展创新活动的推动力量，没有这些力量的存在，一切创新活动都难以发生。

1. 企业创新动力

创新动力是企业创新的引擎，也是企业创新得以成功实现的有力保障。科技进步是创新的动力，是知识积累和知识创新的结果，知识是创新的基本驱动力[220]。向刚和汪应洛提出创新的性质决定了创新动力不可能仅受到某一因素的单独影响，而是受到多种因素的共同作用和共同影响[221]。

国外学者对创新动力的研究大体上经历了单一因素影响、双因素影响、多因素综合影响的过程，代表性理论包括技术推动论、市场拉动论、技术-市场双重驱动论、政府启动论、企业家创新偏好驱动论、社会-技术-经济系统的自组织动力理论、行政计划推进论、技术轨道推动论等。国内学者将企业创新动力分为内部动力与外部动力两种。按照研究的内容特点可分为三种研究类型[222]：一是集中于对技术创新内在动力的分析上，注重从心理学和组织行为学的角度来研究技术创新的动力；二是注重对技术创新动力进行综合性研究，将技术创新动力分为企业内部动力与企业外部动力两大部分，认为内动力和外动力共同决定着企业的技术创新行为；三是激励对于推动企业技术创新活动来说是一种不容忽视的力量。

1)创新动力定义

陶良虎和陈得文认为创新动力由核心动力系统和辅助动力系统构成，社会资本、知识资本、企业间竞合关系构成了核心动力系统，市场需求、中介组织、地方政府构成了辅助动力系统，两大系统相互作用推动社会的创新活动[223]。张国强等认为创新动力是指创新主体受到内部、外部的各种因素的驱动，产生了创新欲望和要求，从而进行创新活动的一系列约束条件的集合[224]。邸晓燕和张赤东认为创新动力是指为企业开展创新活动提供的促动力量，起着调动企业创新积极性、促进企业开展创新活动的功能，其中外部动力包括市场需求、市场竞争压力、科技推动、政府支持；内部动力包括企业家精神、激励机制和文化氛围、企业制度等[225]。

2)创新动力要素

向刚认为持续创新动力主要来自企业对利润持续增长的追求以及企业长期发展的目标，包括内部动力和外部动力，其中内部动力包括持续创新意识、持续创新精神、持续创新物质利益驱动、持续创新文化和企业团队精神；外部动力包括科学技术推动、市场需求及市场机制、社会经济、文化、生态环境和政治制度[226]。刘锦英和聂鸣指出当企业能够正常地运转并维持经营时，其创新动力很弱；当企业创新所获得的预期利润大于目前经营利润时，企业才会创新，并且预期利润越大，企业的创新动力就越强，经营利润是驱动企业创新的根本动力[227]。吴庆松和游达明认为技术战略是企业技术创新动力的直接来源，企业技术创新外部动力包括国家政策、科技教育和文化、市场拉引、创新环境、企业间关系，内部动力包括技术资本、人力资本和心理资本，创新动力本源则是企业文化与外部环境作用的结果[228]。刘光富等认为企业技术创新的内部动力是企业参与市场竞争和进行自我发展的内在需要，主要包括利益驱动、企业家创新精神和创新文化；企业技术创新的外部动力是指存在于企业技术创新系统外部，对创新活动产生外部动力的诸多因素，主要包括技术力量、市场需求、市场竞争和政府的作用[229]。孙冰和张敏认为企业自主创新动力系统的动力要素包括 R&D 成果积累、研发成功率预期、R&D 资金、R&D 人员、市场竞争、创新激励制度、企业家精神、企业文化[230]。陈大龙和王莉静认为制造业企业内部创新动力包括企业文化、企业家精神、企业组织结构、企业制度，外部创新动力包括市场需求的拉力、企业间竞争的压力和政府支持力，内部创新动力和外部创新动力存在着非线性耦合关系[231]。陈勇星等认为内部创新动力包括长远发展需要及其持久力、经济利益目标及其驱动力、企业价值与文化及其感染力、主观创新价值及其影响力、技术创新能力及其保障力和创新激励机制及其催化力等六个方面；外部创新动力包括市场需要及其拉动力、市场竞争及其压力、市场资源及其约束力、科学技术及其推动力、政府措施及其引导力、创新合作者及其支持力等六个方面[232]。石明虹和刘颖认为内部创新动力包括企业创新的激励机制、企业战略目标以及员工创新意识；外部创新动力包括市场需求的拉动力、市场竞争的压力、科学技术发展所带来的外部推动力和政府的政策支持力[233]。杨梦源等认为内部创新动力包括产权制度、企业家激励机制、企业内部人才资源管理制度、研发制度、持续创新文化、企业家精神；外部创新动力包括科学技术、市场制度和政府政策[234]。关丽洁和纪玉山认为经济新常态下技术创新内部动力包括利润驱动、知识创新、企业家创新精神、制度创新，对技术创新活动具有推动作用；技术创新外部动力包括个性化的市场需求、生态文明建设及工业革命 4.0 的压力[235]。张瑞等认为煤炭企业生态技术创新动力包括内部动力与外部动力，其中内部动力包括经济利益、企业家精神、内部保障力、员工的生态创新意识、企业生态文化等；外部动力包括环境与资源的压力、市场需求、市场竞争、政府的生态政策行为、生态科技进步、合作创新驱动力等[236]。侯二秀等认为企业协同创新内部动力包括企业创新利润、企业家精神、企业创新文化、企业创新能力、组织激励和员工创新能力；外部创新动力包括政府政策支持、高校知识转移、研究院所技术转移和中介机构信息服务[237]。苟莉佳等结合中小企业特征，发现成都市中小企业创新动力可分为内源创新动力与外源创新动力两种类型：内源创新动力包括效益创新动力、人因创新动力、激励制度创新动力和企业文化创新动力；外源创新动力包括市场需求拉力、市场竞争推力、技术保障力、经济支撑力、政府激励等方面[238]。宋立丰认为我国国企创新的动力分为外部动力和内部动力，其中外部动力包括技术力量、市场需求、市场竞争和政府作用；内部动力包括利益驱动、企业家创新精神以及企业的创新文化[239]。刘志迎等基于开放式创新理论，构建了技术创新动力源的“七力模型”，包括企业内源力、客户拉动力、供应商推动力、高校科研院所协同力、竞争对手竞争压力、科技中介服务力、政府政策激励力[240]。

3) 其他相关研究

Huang 和 Yang 提出企业规模越大时，其所占据的市场势力就越大，企业更具有创新动力和创新能力[241]。贺灵等通过研究发现：企业技术创新动力内部影响要素中的利润的驱动、人力资源的投入、物力资源和财力资源的投入、对员工的物质激励等要素的重要性相对较高，外部影响要素中的外部市场对新产品需求、市场竞争的强度、行业内生产发展的需要、知识产权的保护等要素的重要性相对较高[242]。徐宁和吴创通过实证研究发现，高管薪酬激励与股权激励均对民营中小企业的技术创新动力产生正向影响，并提出合理的高管激励契约是民营中小企业技术创新重要的内生动力来源[243]。姚明月和胡麦秀认为技术-环境壁垒在一定条件下会激励出口国企业进行技术创新，但是当技术-环境壁垒过于严厉时，则会抑制出口国企业的技术创新动力；在相同条件下，出口国企业在进口国的市场份额越大，创新成本越小，技术-环境壁垒对企业技术创新动力的激励作用就越明显[244]。欧绍华和胡玉松基于系统动力模型，分析了企业技术创新动力要素的构成及其相互关系，认为技术创新产出效果直接影响着企业技术创新的驱动力强度，政府支持因素、合作创新因素和技术人才因素与技术创新产出存在正相关关系[245]。孟凡生和韩冰认为装备制造企业间作用、购买者的低碳偏好及政府相关环境规制是驱动装备制造企业实施低碳技术创新的主要动力，并通过研究发现：碳税强度及碳交易力度对装备制造企业实施低碳技术创新的驱动效果最为明显；政府高强度的投入补贴力度有助于装备制造企业实施低碳技术创新[246]。杨朝均等基于绿色创新的技术推动力、市场拉动力和环境管制推动力构建了开放经济下工业企业绿色创新动力传导机制，研究发现：外商直接投资、对外直接投资、进出口贸易对我国工业企业绿色创新的技术推动力、市场拉动力和环境管制推动力都具有积极的促进作用[247]。

2. 产业创新动力

钱芳和刘伟认为产业创新动力是指存在于产业内外部，促使产业产生创新欲望和需求，继而进行创新活动的一系列因素和条件，分为内部创新动力(企业利益驱动力、企业家精神影响力、产业内现有企业之间的竞争压力、企业的网络效应)和外部创新动力(市场需求拉引力、外部市场竞争的压力、科学技术推动力、制度因素)[248]。王为认为产业自主创新活动正是在“激发动力”和“维持动力”双重动力的作用下展开的，其中“激发动力”包括产业链需求拉引、产业技术附加值诱导力和企业家创新特质影响力，“维持动力”包括产业自主创新政策支持力、产业自主创新资金保障力、产业自主创新人才支撑力、产业自主创新信息黏合力、产业自主创新技术推动力[249]。陶良虎和陈得文认为产业集群创新动力因素主要有集群内社会资本、知识资本、企业竞合关系、市场需求、集群内中介组织及地方政府，其中，社会资本、知识资本、企业竞合关系是集群创新的核心动力因素，市场需求、中介机构、地方政府是集群创新的辅助动力因素[223]。牟绍波和任家华从创新文化视角研究了高新技术产业集群自主创新动力机制，并将动力要素划分为集群创新观念文化、集群创新制度文化和集群创新环境文化，并认为基于集群创新观念文化、创新制度文化以及创新环境文化整合而成的集群创新文化是推动高新技术产业集群持续自主创新的核心动力[250]。张琼瑜和李武武认为产业集群创新的内在动力包括收益驱动力、内部激励推动力、集群文化影响力、合作剩余获取吸引力，外部动力包括政府支持拉动力、市场需求拉动力、科技推动力、市场竞争压力、创新扩散推动力[251]。李明惠等根据产业集群自主创新的层次性特征，分别从宏观维度(政府推动产业集群自主创新的产业布局、集群结构优化、品牌战略、核心技术支持、政府采购体系、竞争秩序的维持、环境优化、提供补贴、减少税收等)、中观维度(集群企业关联与协同创新、集群学习以及集群的创新平台建设)和微观维度(多元化的自主创新路径、创新文化和创新理念、自主创新体系及政策机制)进行展开，建立了产业集群自主创新动力机制模型[252]。桂黄宝认为战略性新兴产业创新动力包括技术创新驱动、政策推动、需求拉动及市场竞争，主张市场需求应作为新兴产业创新的重要动力，在新兴产业发展的初始阶段应位居第一[253]。石明虹和刘颖认为战略性新兴产业集群式创新内在动力主要来自创新收益的吸引力、创新成果的推动力、创新文化的号召力、企业高层的领导力等方面，外在动力主要来自市场需求拉动力、政府扶持力、科技进步推动力、市场竞争压力等方面[233]。王娟认为我国战略性新兴产业技术创新外在动力包括科学技术推力、市场需求拉力、政府支持力，内在动力包括企业家精神、企业内部制度、企业创新能力[254]。刘晖等认为战略性新兴产业创新驱动的影响要素包括市场需求、创新投入、发展效率和发展质量，提出了创新驱动四要素螺旋模型，并通过格兰杰因果检验，验证了创新驱动要素之间的逻辑关系[255]。范德成和宋志龙指出我国工业技术创新动力包括技术创新推动力(信息传播平台、技术市场发展程度、政府支持程度、创新成果被侵权的可能性、知识产权保护水平)和技术创新拉动力(内部市场需求、外部市场需求、市场竞争激烈程度、市场竞争公平性)两个方面[256]。周泽炯和陆苗苗基于知识生产函数和市场需求、政府补贴及技术对企业创新的交互作用模型，从理论上分析了战略性新兴产业自主创新能力的内部驱动因素和外部驱动因素，通过实证研究发现：研发人员、研发资金投入和市场需求对自主创新能力具有显著的促进作用，而政府补贴的促进作用不明显[69]。

2.2.4 产业创新模式

1. 创新模式分类

关于创新模式的分类，学者从不同的角度进行了大量研究。根据创新动力源泉，将创新模式分为技术推动模式、市场拉动模式以及技术-市场推拉模式；根据创新演进过程，将创新模式划分为单向线性创新模式、互动创新模式和现代非线性创新模式[257]；根据创新对象，将创新模式划分为技术创新模式、产品创新模式、服务创新模式；根据创新强度，将创新模式划分为渐进性创新模式和颠覆性创新模式；根据创新资源来源，将创新模式划分为封闭式创新和开放式创新；根据知识的类型，将技术创新模式划分为基于科技知识生产和使用的科技与创新模式、基于干中学的经验交互模式；依据技术创新与外部关系、创新活动方式和创新技术来源，将技术创新模式分为模仿创新、合作创新、自主创新三种模式[258]；依据创新主体的开放度，将创新模式分为封闭式创新、半封闭式创新和开放式创新三种。

2. 创新模式演化[257]

1) 单向线性创新模式

单向线性创新模式认为创新的动因来源于单一的影响因素(如基础研究、企业家行为)，创新过程呈现线性特征。熊彼特先后提出的两种创新模式均为线性模式，认为创新项目具有根本的内在不确定性，创新活动需要尽快完成以获取超额利润，创新需要克服社会普遍存在的“惯性”。

2) 互动创新模式

20 世纪后期，技术与市场互动创新模式是技术创新最有效的模式，由此将技术创新的一维线性模式转变为互动创新模式。克莱恩和罗森博格提出了技术创新链环——回路模型，认为线性创新模式没有考虑不同创新阶段之间的反馈，以及创新过程中具有的不确定性、复杂性与随机性等因素。回路模型由多条创新路径和反馈回路组成，科学知识对于整个创新过程具有支撑作用。莫厄里和罗森博格认为技术与市场的共同作用决定了创新的过程，市场需求决定了创新报酬，提出了市场与技术结合的交互创新模式[259]。

3) 现代非线性创新模式

传统的单向线性创新模式和互动创新模式难以满足创新的实践需要，创新过程涉及多个不同的创新参与者之间的互动与学习，呈现出非线性、网络化的创新模式。创新的非线性模式包括创新双螺旋模型、创新三螺旋模型、国家创新系统与集群创新模式。创新双螺旋模型揭示了创新主体之间的非线性联系，不同创新主体之间的协同互动形成了相互促进的创新生态系统。创新三螺旋模型由 Leydesdorff[260]首次提出，通过对大学、产业与政府之间关系的动力学分析，认为大学、产业和政府不仅是创新的要素，还是创新活动的主体。弗里曼通过研究日本企业技术创新，认为技术创新是由国家创新系统推动的，不是自发过程，创新的成败取决于国家调整其社会经济范式以适应技术经济范式要求的能力。

3. 创新模式选择的影响因素

1) 企业自身因素

Danneels 分析了企业规模和成熟度的影响，发现成熟企业更倾向于渐进性创新[261]。孙永风等通过对企业战略导向的实证分析发现，企业家导向更加注重突破性技术创新，而市场导向则更倾向于渐进性技术创新[262]。张春辉和陈继祥探讨了吸收能力、内生溢出和 R&D 投入水平对创新模式选择的影响，研究发现，吸收能力、内生溢出有助于突破性技术创新选择，而随着 R&D 投入增加，企业更倾向于渐进性技术创新[263]。

2) 环境因素

Hurmelinna-Laukkanen 等对市场环境进行了分析，认为市场环境动荡性增加会促进企业选择突破性创新[264]。曾娟和万君康认为技术的变化程度与速度、获取技术的难易程度对企业创新模式的选择也有非常大的影响[265]。张洪石和付玉秀对企业内外部环境因素作了归类并进行实证研究，发现环境变化和环境支持因素与突破性创新频率正相关，环境依赖因素与渐进性创新频率正相关[266]。

3) 参与主体因素

Sandberg 通过对消费者反应的分析，认为消费者的消费观念和消费习惯对两种创新模式的影响具有显著差异[267]。张春辉和陈继祥对两种政府创新补贴进行分析，发现创新投入补贴和创新产品补贴对突破性技术创新均有促进作用，而在不同产品价格与边际成本差额条件下，两种创新补贴对创新模式选择影响的显著性存在差异，研究发现补贴标准的提高均会导致企业选择颠覆性创新模式的可能性增大，选择渐进性创新模式的可能性减小[268]。盛光华和张志远通过模型解析和数值仿真研究，发现当政府创新投入补贴或者创新产品补贴的水平较低时，企业群体都会向选择渐进式创新模式方向演化；而当这两类补贴方式水平较高时，创新投入补贴会使企业群体都向选择突破式创新模式方向演化；创新产品补贴会导致企业群体向渐进式创新模式方向演化的速度较慢[269]。

4. 产业创新模式

徐建中等将产业创新模式划分为五种模式[270]：生成-原发型创新、消化-吸收型创新、联手-合作型创新、集成-系统型创新和实验-研究型创新。智强等将中国风机制造产业创新模式演变划分为四个阶段[271]：一是封闭条件下政府支持的自主研发(1970～1996 年)，二是基于技术授权的模仿创新(1997～2003 年)，三是基于联合研发与合资企业的合作创新(2004～2007 年)，四是基于企业国际化研发与并购的自主创新(2008 年至今)。李文元等在对战略性新兴产业的产业特性分析的基础上，认为战略性新兴产业要实现稳步快速发展，就要进行开放式创新，并分别从创新阶段开放度、伙伴类型开放度和 R&D 战略开放度界定了开放式创新模式，指出各战略性新兴产业创新模式虽有差异，但总体上表现出较高的开放性[11]。李政和任妍认为中国高铁产业采取了一种由国家主导的赶超型自主创新模式(以本土技术能力为基石，以自身技术能力的提高为目标导向，在策略性地实施技术引进和消化吸收的同时，进行以集成创新为特征的再创新)，该创新模式既包括在消化吸收的基础上，对引进技术进行适应性改造，也包括在引进技术基础上实现技术升级，更包括自主研发能力的培育、打造和关键核心技术的超越、引领[272]。崔小委和吴新年根据产业技术创新环境的开放度和企业在实施技术创新过程中与其他技术研发主体间的合作程度，将产业技术创新模式分为三种模式：封闭式创新环境下的产业技术创新模式、半封闭式创新环境下的产业技术创新模式和开放式创新环境下的产业技术创新模式。开放式创新环境下的产业技术创新模式又可以分为四种基本模式：技术集群式技术创新模式、产业链式技术创新模式、政产学研联盟式技术创新模式和互联网时代多元化技术创新模式[273]。李捷和霍国庆在总结现阶段产业技术创新模式(横向集群式技术创新模式、纵向链式技术创新模式和政产学研联盟式技术创新模式)的基础上，基于战略性新兴产业共性技术供给和需求视角，将战略性新兴产业技术创新模式划分四种模式[274]：引领模式(当产业共性技术在遇到供给和需求的矛盾时，科研机构或高校作为学研方的创新主体可以弥补企业这方面的不足，依托强大的科研实力引领共性技术的创新方向)、定制模式(高校或科研院所的共性技术 R&D 成果将满足少数个体的特定需求，要求学研方的研发方向要与企业的需求结合)、外溢模式(进入战略性新兴产业内的领军企业依靠自身强大的研发实力对关键性的产业技术进行研发，其他中小企业得益于领军企业的 R&D 成果并广泛扩散，进而使该技术成为事实上的产业共性技术，最终实现技术引领）和联盟模式（战略性新兴产业中的中小企业为主形成的技术联盟，通过企业之间的集聚，集中优势研发力量，共享专用研发设备，形成共性技术实验室，聚焦于战略性新兴产业内具有普遍性、支撑性的重要技术，以满足联盟成员发展需求的一种创新模式）。吕静韦将战略性新兴产业创新模式归纳为政府支持型（通过政府的行政手段和政策让企业按照政府制定的计划开展创新活动）、技术引领型（通过技术的整合和创新，开发新技术、生产新产品，引起技术体系的根本变革）、市场推动型（在市场需求的驱动下，以需求为导向，以企业为主体，以创新为动力，以整合为手段）、企业驱动型（企业充分利用组织外互补的资源、能力和知识，将外部知识与内部知识进行整合再创新）等四种创新模式[275]。韦结余等将产业创新模式分为两种[276]：一种是以高铁、航天、核电等为代表的政府主导的国家重大工程技术突破的产业创新模式（政府依据经济社会发展的整体目标，对战略性新兴产业制定总体规划，通过明确的政策导向、产业化及财政支持等方式，使战略性新兴产业在与其他传统产业的竞争过程中获得优势地位），另一种是以滴滴出行、电动汽车为代表的市场驱动的产业创新模式（企业是战略性新兴产业培育和发展的主体，不断引导着市场需求的变化）。

2.3 本 章 小 结

本章首先针对开放式创新理论进行介绍，主要从开放式创新定义、开放式创新模式和开放式创新能力三个方面进行梳理。其次，对产业创新理论进行介绍，主要从产业创新定义、产业创新系统、产业创新动力和产业创新模式等四个方面进行梳理。本章对上述两大理论的相关问题进行了详细梳理，为后续研究提供了理论基础和研究依据。

第3章 开放式创新环境下战略性新兴产业创新特征

3.1 开放式创新环境下战略性新兴产业创新

3.1.1 战略性新兴产业的特征

施平和郑江淮认为战略性新兴产业的特征表现为[277]：演化性(从较低技术水平向较高技术水平，以及向更高技术水平进行演化)、周期性(会经历创新阶段、成熟阶段和标准化阶段)、集聚性(通过产业集聚可以产生正的集聚效应)、主体交互性(要求政府、产业、大学、研究机构、金融机构、中介机构等主体交互作用)、知识密集性和专业化(战略性新兴产业是知识密集型产业和技术密集型产业，其发展的关键是高级人才和专业化知识)。李晓华和吕铁认为战略性新兴产业具有四大特征[278]：战略性(战略性新兴产业的发展源于重大技术创新、消费需求的重大改变或者政府政策的重大调整，往往伴随着重大的经济范式转变，对经济发展具有重大战略意义，体现出战略性的突出特征)、不确定性(技术的不确定性、市场的不确定性、组织的不确定性)、正外部性(研发的正外部性、产业化的正外部性)和复杂性(技术的复杂性、产业化的复杂性、产业生态系统分工合作关系的复杂性)。王新新认为战略性新兴产业具有六大特征[279]：先导性(战略性新兴产业代表未来产业的发展趋势，其技术、理念、创意对传统产业的提升有指导和示范意义)，全局性(战略性新兴产业不仅自身具有很强的发展优势，而且对带动经济社会整体进步、提升综合国力具有重要促进作用)，辐射性(战略性新兴产业具有强大的辐射作用，产业链长、覆盖面广、承载能力强，可形成行业和领域性发展优势)，技术的不确定性(新兴产业是带有根本性技术变革的产业，由于技术本身不成熟，技术研发所需要的设施、设备不够完善等，都可能影响到新兴产业的先进性、完整性和可靠性)，市场的不确定性(市场需求是新兴产业最好的检验，有些新兴产业技术开发是成功的，但市场认可度低，使投资难以在预期的时间内收回，从而增加了投资风险)，发展路径的不确定性(后发国家从技术的追随者转变为同行者，与发达国家几乎站在同一条起跑线上，前面没有确定的技术路线可供模仿，因此不得不与发达国家一起面对技术的不确定性)。陈洁指出战略性新兴产业具有四大特征[280]：战略性(战略性新兴产业反映了国家整体战略规划与目标，其产生与发展能极大促进社会产业结构优化以及国家安全，对经济发展具有重大战略意义)、风险性(战略性新兴产业有诸多的不确定性，在内容和形式上都没有现成的经验可循，技术、市场、组织等方面面临的不确定性使战略性新兴产业投资带有较大风险)、正外部性(战略性新兴产业的技术创新能力强，能满足消费者的新需求，对社会其他产业产生技术外溢，其研发、产业化具有正外部性)和突破性(战略性新兴产业突破原有资源与核心技术约束，主要是依托新能源、新技术的开发而带动整个经济发展的产业，突破了原有的依赖资源实现经济增长的方式)。

综上所述，战略性新兴产业的主要特征可概括为八个方面：战略性、密集性(知识技术)、突破性、风险性、辐射性、复杂性、交互性(多主体)、集聚性等，如图 3-1 所示。

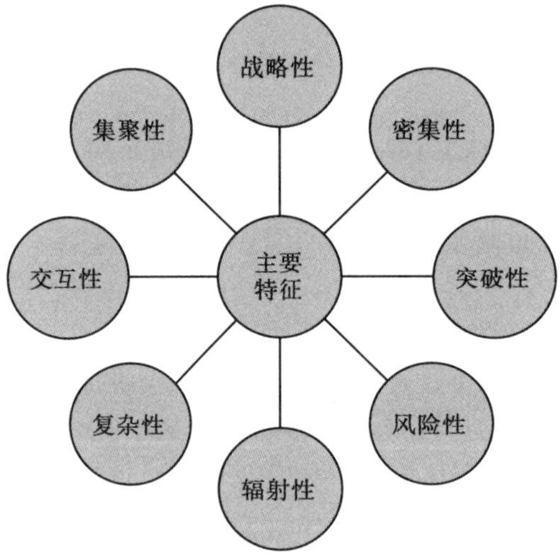

图 3-1 战略性新兴产业的主要特征

3.1.2 开放式创新环境下战略性新兴产业创新的概念

1. 相关研究

张倩男结合高技术产业的基本特征，认为高技术产业创新是从高技术研发，经过技术创新和扩散，到形成高技术产业的突变过程；基于微观视角指出高技术产业创新是高技术产业化和高技术企业成长进而形成一定产业规模的过程，基于宏观视角指出高技术产业创新是高技术产业从初创期向成长期、从先导产业向主导产业转换引起产业结构跨越式升级的过程[281]。陈芳和眭纪刚认为新兴产业协同创新是产业体系内的创新主体内在演化动力与外部环境的相互交织与影响的复杂过程[282]。张文强认为产业技术创新是建立在一般企业技术创新的基础之上，同时涵盖技术创新与产业结构调整、产业组织变化的关系，以及技术创新在产业和企业之间的扩散等的一系列复杂过程[159]。武建龙和王宏起认为战略性新兴产业突破性技术创新是指深刻影响战略性新兴产业长期持续快速发展的一系列关键核心、共性技术的创新，并指出战略性新兴产业突破性技术创新要率先攻克制约该产业发展的技术瓶颈和要突破发达国家的技术围攻，实现技术赶超[283]。

2. 本书的界定

在借鉴马法尧等[100]以及笔者之前相关研究[102]的基础上，结合战略性新兴产业自身的特征，本书认为在开放式创新环境下，战略性新兴产业创新可理解为产业创新主体(如政府、企业、大学、研究机构、金融机构、中介机构等)在全球开放竞争的动态环境下，为提升产业动态创新能力和获取持续竞争优势，以开放式创新为引领，通过跨越组织边界和产业边界获取外部技术知识、整合内外创新资源、促进创新知识在产业内外创造和扩散以及创新成果出售或应用，进而创造出更高商业价值的群体创新过程。开放式创新环境下战略性新兴产业创新本质上是开放式创新，表现为产业创新主体对外部创新和创意知识的获取和利用，强调对新兴产业内外创新资源的整合和创新利用。

3.1.3　开放式创新环境下战略性新兴产业创新的类型

根据创新资源的流向，开放式创新可分为内向开放式创新和外向开放式创新[78]。

关于内向开放式创新，Chesbrough 等认为这种创新是企业通过监控外部环境，将外部的知识或技术用于内部研发的过程[284]。Ceccagnoli 等指出内向开放式创新使企业能够通过大规模定制、创新网络构建、众包等方式，利用与协调顾客、供应商、其他竞争者、大学、科研机构、政府等外部组织的互补性能力，从外部获取企业需要的资源、知识与创意的过程[285]。Spithoven 等认为在内向开放式创新过程中，创新的理念源于企业外部的供应商、顾客以及其他外部参与者，企业通过购买技术服务或技术、联合开发等方式获取所需的技术[114]。Bianchi 等指出内向开放式创新是一种典型的技术外部开发过程，存在非股权战略联盟、购买技术服务以及购买技术授权等三种方式[121]。盛济川等认为内向开放式创新主要针对企业外部知识或技术的内部利用，如何有效地获取外部知识或技术是企业成功实施内向开放式创新的关键所在，并指出大企业才真正能够有效实施内向开放式创新[286]。Chesbrough 和 Bogers 指出内向开放式创新是企业与外部组织建立联系，利用外部个体或组织的创新发现，旨在获取外部技术与知识，提高自身的创新能力，进而增进创新绩效[88]。高照军认为内向开放式创新关注企业获取资源并将其内部化，是一个由外向内的过程[287]。董豪等认为内向开放式创新是指从组织外部的企业、高校、科研机构吸收有创意、有价值的技术专利的过程[288]。熊鸿儒认为内向开放式创新是以 FDI、跨国公司在华研发机构和海归研发人员等创新资源、创新要素“引进来”为导向的创新方式，其特点是“引资—引知—引智”循序渐进[289]。张振刚等认为企业实施内向开放式创新的具体形式包括顾客及供应商参与、合作研发、技术许可、内部孵化、技术并购、创新联盟等[290]。

关于外向开放式创新，Chesbrough 等认为外向开放式创新是企业不仅仅依赖内部途径拓展市场，而且寻求最合适的外部组织以便将内部的知识或技术商业化利用[284]。Lichtenthaler 和 Ernst 认为外向开放式创新是指组织将内部的专利或者技术以非股权战略联盟、提供技术或者销售技术授权的方式给外部组织进行商业化开发[291]，并指出外向开放式创新则可激活封闭式创新环境下企业可能抛弃的技术，通过公开或出售知识产权、技术许可等方式将自身技术和知识资源商业化，是创新资源由企业内部流向外部的过程[292]。Bianchi 等指出外向开放式创新更强调企业内部知识或技术的外部开发利用，存在非股权战略联盟、提供技术服务以及销售技术授权三种外部开发利用方式[121]。高照军认为外向开放式创新则注重企业技术资源的市场化，是一个由内向外的过程[287]。熊鸿儒认为外向开放式创新是以国内企业对外投资、海外并购和跨国专利等创新资源、创新要素“走出去”为导向的创新方式[289]。

基于上述关于开放式创新的分类，本书认为开放式创新环境下的战略性新兴产业创新可分为两类：内向开放式创新和外向开放式创新。战略性新兴产业内向开放式创新强调创新资源获取过程的开放，可通过技术转让或技术收购等方式从外部获取创新资源，通常行业核心企业起着主导作用，其技术吸收能力是创新成功的关键；战略性新兴产业外向开放式创新强调创新成果应用过程的开放，可通过对产业外输送创新成果获取行业高额收益。

3.2 开放式创新环境下战略性新兴产业创新特征分析

3.2.1 相关研究

战略性新兴产业与技术创新之间存在着密不可分的关系。国内外学者对战略性新兴产业的创新特征进行了相关研究。

国外学者。Agarwal 和 Gort 认为新兴产业在导入期和成长期，抢占最大经济利润和领先市场份额很大程度上依赖于企业通过技术创新获得完善技术系统的速率，技术创新扩散带来的溢出效应逐步增强，作为模仿创新的产业跟进者也具有许多的后发优势，进一步加剧了战略性新兴产业的竞争强度[293]。Allen 和 Sriram 认为新兴产业在导入期和成长期，核心技术尚未成熟稳定，导致产品技术标准、制造工艺和市场规范等都还不明晰，新技术依然有待标准化，市场壁垒相对较低，进入市场相对容易，大量投资者开始涌入，企业数量和产业规模都在极速扩张[294]。Phaal 等认为新兴产业在导入期和成长期，颠覆性技术创新出现频率高，新产品、新产业的出现成为显著标志，这类创新难度大、风险高，需要投入大量人力物力，对企业实力及风险承受能力要求较高[295]。Yun 和 Mohan 研究显示，韩国的中小企业在转向更具前瞻性的高科技新兴产业时，大多倾向于实行合作创新，从而更好地规避了技术和市场的周期性风险[296]。

国内学者。张倩男认为高技术产业创新是介于宏观层次的国家创新和微观层次的企业创新之间的中观层次创新，是产品创新、工艺创新和市场创新的互动与整合，更注重技术的高层性、先进性和自主性[281]。周绍东认为战略性新兴产业具有技术和知识密集型特征，其技术创新活动呈现出分工深化和广化的趋势[297]：一是在企业内部出现专业从事 R&D 活动的实验室和工程技术中心；二是一些小企业专业从事行业内领导企业所开发产品的功能优化；三是企业与大学、科研机构之间分工协作，分别形成了“私人知识”与“公共知识”。李东华认为战略性新兴产业技术创新的特征表现为跨领域技术的高度交叉和深度融合(在战略性新兴产业发展中，起主导作用的是多学科、多技术领域的技术通过相互联系、彼此渗透、互相融合组成的技术群)，技术标准在内的知识产权成为产业竞争力的核心因素(战略性新兴产业的市场份额扩张是以产品为载体，主要包括专利、技术的产业标准的扩张)[56]。赵长轶等认为战略性新兴产业的技术创新本质上是突破性创新、集成创新，其除具有高新技术产业创新所特有的高智能、高投入、高风险等特征外，还具有以下四个突出特征：突破性创新(在战略性新兴产业领域，积极开展创造性破坏，成功实现技术创新者呈现出“赢者通吃”的特质，率先掌握战略性新兴产业技术的企业将成为行业龙头而具有绝对的竞争优势)，集成创新(绝大多数战略性新兴产业技术难以由单一的科技单位或企业独立完成，需要各模块之间的协同，同时，战略性新兴产业的技术创新有多学科集成的特征)，创新主体多元化(资金、技术、信息等各类要素投入，需要国家、企业、高校、研究机构、中介机构、个人等社会各层面的共同参与)，政府主导(战略性新兴产业创新主体需要在政府的培育、扶持、推动和引导下，利用政策支持整合各类创新资源，获取各类创新要素投入，开展技术创新)[298]。黄永春等基于对新兴产业与传统产业的比较分析，发现新兴产业的创新广度更具开放性特征，其在融入 GVC 的同时，更善于整合 NVC 的创新资源；新兴产业的创新互补性特征更明显，因此能掌握更多的创新主导权；新兴产业的创新深度更具突变性特征，且借助开放互补式创新逐渐取得核心技术[299]。王珊珊等指出新兴产业创新是一种全局性、全员参与的活动，并基于资源整合程度、创新驱动力量、资源整合条件三个方面分析了开放式创新下的新兴产业三大创新特点[299]：创新资源整合程度逐步提高(创新资源在跨产业、跨区域乃至全球范围内流动与配置，创新资源整合广度和深度大幅提高)，设计驱动创新的重要性日益突出(开放式创新使新兴产业创新链下游的消费者主导地位逐渐增强，从而使新兴产业创新活动更多呈现为一种消费者参与创新设计的活动)，资源整合条件日渐完善(科技计划、科技园区、科技创新平台等科技支撑体系日益完善，为新兴产业资源整合创造了良好条件)。陈芳和眭纪刚认为新兴产业协同创新特征表现为四个方面[282]：与利益相关的创新主体涉及的范围更为广泛，创新合作与联系更为活跃，创新过程受环境影响较大，创新方式主导性发生变动。肖利平将新兴产业创新特征归纳为三大特性[300]：战略性(企业必须把资源用于创新而非其他用途)、组织性(创新收益必须通过对人力资本和物质资本的整合)、不确定性(资源必须被投入不可逆转且收益不确定的项目)。霍国庆等认为我国战略性新兴产业创新存在三大特征[301]：多维度创新不确定性(技术不确定性、市场不确定性、竞争不确定性)、多种规模企业共生性(中小微企业、大中型企业、巨型垄断企业等多种规模企业同场竞技)、多类产业交叉融合性(多种学科或多种技术共同支持特定产业的发展，不同产业跨界融合并形成新的产业)。李捷和霍国庆认为在战略性新兴产业发展阶段，产业创新特征包括产业主导技术的不确定性、产业技术研发活动的协同性、产业技术研发实力的匮乏性以及政府对产业技术研发方向的引导性[274]。

3.2.2 战略性新兴产业创新特征分析

在开放式创新环境下，战略性新兴产业创新跨越了企业边界和行业边界，突破了传统的封闭式创新，以开放姿态主动获取外部技术知识和向外部输送创新成果，具有开放性、动态性、网络性、协调性、共享性、风险性和渗透性等特征。

1. 开放性

创新开放性是开放式创新的重要特征。创新开放性表现为创新主体跨越组织边界，与外部其他创新主体的互动，包括技术、知识、信息、人才等创新资源的双向流动或单向流动。国内外众多领先企业(如苹果、宝洁、英特尔、三星、海尔等)都高度重视创新的开放性。创新开放性与突破性创新绩效存在正向关系，外资研发机构创新活动的开放性能促进突破性创新绩效的提升[302]。创新的开放性对中国制造业提高国际市场占有率、贸易竞争指数、显示性比较优势、产业出口比重等都具有显著的正向作用；在市场竞争强度越大的产业，创新的开放性对产业国际竞争力的影响越大[303]。

战略性新兴产业在开放式创新过程中需要大量的创新资源。战略性新兴产业只有通过开放，与外部环境互动才能获得大量技术、人才和知识等创新资源，进而通过各种正式或非正式的方式有效整合产业内外各种创新资源，最终提升产业的持续创新能力[304]。

2. 动态性

动态性是环境中因素改变的程度以及不稳定的频率[305]。创新动态性表现为创新主体在创新过程中所面临的内外部创新环境的动态性，如技术环境动态性、需求环境动态性、竞争环境动态性和政策环境动态性。环境动态性是顾客、竞争者、市场及行业创新等变化的高度不可预见性，反映了创新主体及利益相关者(如竞争对手、合作伙伴和客户等)的行为或需求变化程度，以及所处行业的发展态势、技术创新程度和产品(或服务)类型[306]。通过分析创新环境动态性，有助于判断产业发展进程，指导产业创新的投入和产业创新战略的制定。

战略性新兴产业创新网络中各创新主体之间的联系及创新网络中流动的各种创新资源是不断变化的。在开放式创新环境下，为进一步促进产业内创新活动的发生和创造更多的产业创新成果，战略性新兴产业创新会随着内外部创新环境的变化进行自组织动态调整。

3. 网络性

网络是由行为主体或节点通过基于市场交易的正式关系或基于信任的非正式关系连接而成，是介于市场和等级企业之间的一种组织形态。创新网络是不同创新参与者的协同群体，可以看作由多个企业及相关组织组成，以知识共享为基础，以现代通信技术为支撑的松散耦合的动态开放式合作创新组织[307]。创新网络性表现为创新活动突破企业、行业和国家边界，创新要素通过网络进行联结，各创新要素在相互调整、适应的过程中逐渐形成发挥协同效应的整体[308]。

战略性新兴产业创新依赖产业内外部各创新主体在交互作用中建立的相对稳定的各种正式或非正式的网络关系，即战略性新兴产业创新网络。战略性新兴产业创新网络是开放、流动、竞争、协作的网络，由企业、科研院所、高等院校、工程技术中心、中介机构等创新主体构成。因此，战略性新兴产业创新是一种基于创新网络的多主体协同的网络式创新过程。

4. 协调性

协调是社会发展所追求的理想目标，协调性反映了一个系统在一定时间内系统内部及系统之间的数量关系。创新协调是不同创新要素或主体或系统之间以科学的分工协作为基础，统一行动，通过对各种关系的维护、整合或重构进而保证目标顺利实现的过程，其协调性反映了创新系统中各子系统之间、各要素之间以及与外界环境之间的动态匹配关系。

战略性新兴产业创新是产业内外不同主体之间高效协作的过程。因此，战略性新兴产业创新具有一定的协调性。在开放式创新环境下，战略性新兴产业任何一个创新主体协作中断或错位都可能会导致产业创新失败。

5. 共享性

“共享”作为“创新、协调、绿色、开放、共享”五大发展理念之一，成了学术界、产业界和政府等各方关注的热点问题。创新共享性反映了创新资源或成果的共享程度，如数量、范围、层次等。创新网络为多种创新资源和信息共享提供了良好的平台。

知识是共享性资源中的核心资源。知识共享有利于知识在一定范围内自由流动和使用，提高知识生产率与利用率，进而提高产业创新能力。结合战略性新兴产业的技术知识密集性特征，本书认为知识共享是战略性新兴产业创新的重要推动力。开放式创新网络为战略性新兴产业创新主体提供了知识共享平台，有利于产业知识创新联盟的形成，进而促进产业内外创意知识的融合和创新，最终提升战略性新兴产业的创新能力。

6. 风险性

战略性新兴产业创新风险性主要是由于经营环境存在很大的不确定性，产品更新快，产业技术前沿，成熟度不够。战略性新兴产业在市场、生产等方面均会存在较大的风险性。

7. 渗透性

战略性新兴产业创新渗透性表现为一旦产业突破了现阶段所形成的技术，其技术创新成果通过创新扩散就会逐步进入其他行业领域，促进其他产业结构优化和升级发展。

3.3 本 章 小 结

本章首先阐述了战略性新兴产业的特征，对开放式创新环境下战略性新兴产业创新的概念进行了界定，认为战略性新兴产业创新是创新主体在全球开放竞争的动态环境下，为提升产业动态创新能力和获取持续竞争优势，以开放式创新为引领，通过跨越边界获取外部技术知识、整合内外创新资源、促进创新知识在产业内外创造和扩散以及创新成果出售或应用，进而创造出更高商业价值的群体创新过程。其次，基于开放式创新的分类，将开放式创新环境下战略性新兴产业创新划分为内向型开放式创新和外向型开放式创新。最后，从七个方面探讨了开放式创新环境下战略性新兴产业的创新特征。

第4章　开放式创新环境下战略性新兴产业创新系统

4.1　战略性新兴产业创新系统的构成与特征

4.1.1　战略性新兴产业创新系统的构成

1. 相关研究

产业创新系统是在一定环境下，各类创新主体(企业与非企业的)在制度的规制下，通过不同类型的交互作用(正式和非正式的，市场和非市场的)联接成的网络体系，该网络体系促进了与特定产业产品相关的创新产生与扩散，并通过协同演进实现自身的动态变迁与升级[309]。Franco Malerba 提出产业创新系统主要包括知识基础、行为主体和网络关系、制度等三个部分，其中，知识基础是产业发展所需的专业知识和应用技术，行为主体主要包括产业内产业链上的企业、大学、研究机构和其他服务组织等，制度主要是产业的发展环境(既包括产业标准、惯例、共同习惯、法规、法律等，同时包括各种产业政策)[310]。张治河等提出产业创新系统包括产业创新政策系统、产业创新评价系统、产业创新环境系统和产业创新技术系统等四个子系统[207]。苟仲文等构建了电子信息产业创新系统，基于创新系统理论提出了完善发展电子信息产业创新系统的思路[208]。

欧雅捷和林迎星构建了我国战略性新兴产业创新系统，认为构造知识基础与建设技术体系是产业创新系统的两个主要基础[311]。汪秀婷和杜海波将战略性新兴产业创新系统划分为战略子系统(包括政府和市场，主要功能是依据一定的标准筛选出国家战略性新兴产业)，核心网络子系统(包括政府主管部门、核心企业与关联企业群、行业中介等各类联盟等，主要功能是协同研发满足和引领未来需求的新技术和产品并推动实现产业化)，知识技术子系统(包括技术联盟、生产企业、研发部门等，主要功能是创造和应用产业基础知识、通过自主创新掌握产业核心技术和制定产业技术标准)和环境子系统(包括各类资金、人才、信息、技术装备、资源及制度、文化、服务平台，主要功能是支撑和保障产业自主创新活动的顺利开展)等四大子系统[312]。李华军等基于 SNM 理论构建了战略性新兴产业创新系统模型，并指出战略性新兴产业创新系统包括市场环境、资源环境、企业环境和政策环境等[313]。邓龙安认为战略性新兴产业科技创新体系包括产业科技技术研发体系、产业科技应用孵化体系、产业科技成果推广体系、产业科技组织联盟体系、产业科技制度管理体系、产业科技服务支撑体系[314]。张志彤等以深圳 LED 产业为例，对“政府扶持型”的战略性新兴产业创新网络系统演化及运行模式进行了研究，并指出战略性新兴产业创新系统是以企业、大学、科研机构及个人等为主体的合作创新网络及由政府、企业、大学、科研机构及相关组织参与的支撑环境两部分组成的网络体系[315]。汪良兵等基于复杂系统论的视角，认为产业创新系统是复杂网络体系，并将我国高技术产业创新系统分为创新环境子系统、技术研发子系统、技术吸收子系统、创新产出子系统等四个子系统[216]。李煜华等认为战略性新兴产业创新生态系统包括共生单元(主要由企业、政府、科研院所及中介机构等组成)、系统内部主体间的共生模式(产业创新生态系统的创新组织形式及由此而形成的系统成员关系)和创新共生环境(由创新系统主体以外的上下游支撑性、配套性的要素组成)，三者之间相互作用产生创新生态系统共生界面[316]。张欣认为战略性新兴产业创新系统是以战略性新兴企业为主体，企业与企业、企业与高校、科研院所和政府之间的联系网络，涉及政府、企业、高校和科研院所三个主体，包括科技研发体系、科技应用孵化体系、科技成果推广体系、科技组织体系、科技政策管理体系和科技服务支撑体系等六个子系统[317]。李巍和郗永勤基于创新链视角，认为战略性新兴产业创新系统是由大学、科研机构、企业、政府、金融机构等主体构成的复杂网络关系系统，并将该系统划分为：科技研发子系统、技术传播子系统、创新效益子系统、社会需求子系统和产业环境子系统等五大子系统[218]。

此外，针对高新技术产业，刘和东认为高新技术产业创新系统包括研发子系统(由 R&D 投入、研发过程、研发产出三个环节组成)、技术转移子系统(由技术改造、技术引进、技术购买、消化吸收四个环节组成)、商业化与辅助子系统(由商业化投入与商业化产出两个环节组成)[318]。袁旭梅等认为高新技术产业协同创新系统由创新实体子系统(由高新技术企业、高校和科研机构组成，各高新技术企业、高校和科研机构间实现协同作用的主要载体是与创新活动密切相关的各类资源，如技术、专利、资金、人才)和创新环境子系统(由政府和市场组成，主要为整个协同创新系统提供便利资源和条件保障)构成[319]。

2. 战略性新兴产业创新系统的构成分析

战略性新兴产业创新系统是国家产业创新系统的重要组成部分。在开放式创新环境下，战略性新兴产业创新系统本质上是开放式创新网络，是由知识的生产、扩散和使用所形成的复杂网络组织。在借鉴笔者之前相关研究成果[320]的基础上，结合战略性新兴产业特征及其创新特征，本书认为战略性新兴产业创新系统是产业创新主体基于重大技术创新，以市场需求和科技进步为动力，以创新性技术供给为核心，通过协同创新和交互作用而形成的各种正式或非正式关系的总和，包括创新中心网络(合作企业、竞争企业、客户等)和创新支持网络(政府、高校、科研机构、金融机构等)，如图 4-1 所示。

4.1.2　战略性新兴产业创新系统的特征

战略性新兴产业创新系统是一个开放式创新系统。根据笔者之前的相关研究[320,321]，本书认为战略性新兴产业创新系统具有系统性、开放性、涨落性、非线性、动态性等特征。

(1)系统性。战略性新兴产业创新系统是一个复杂的适应系统。创新系统中的各行为主体既可作为子系统独立运行，也可通过知识共享、基础设施共享以及政策共享来促成战略性新兴产业协同创新。

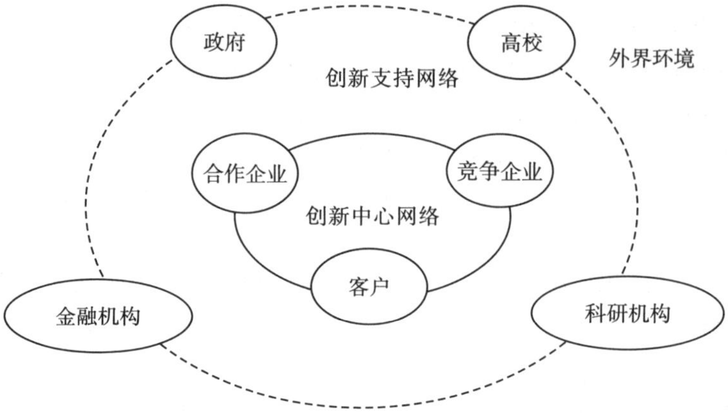

图 4-1 战略性新兴产业创新系统

(2) 开放性。开放式创新需要大量的创新资源。战略性新兴产业创新系统必须不断从市场获取信息并了解竞争状态，只有通过开放才能从外部环境获得大量的技术、人才、资金和知识等创新资源；并通过各种正式或非正式方式有效整合内外各种创新资源，使创新系统处于相对平衡的发展状态，推动创新系统向有序的方向发展，最终提升整个创新系统的持续创新能力。

(3) 涨落性。根据复杂理论，战略性新兴产业创新系统从无序向有序的演变是通过随机涨落实现的。在远离平衡的开放系统，涨落对创新系统起着建设性的作用，是创新系统有序演化的诱因。战略性新兴产业创新系统的涨落包含由政策、市场、技术、人才和资金等因素引起的涨落，分为创新系统内涨落（如企业家的创新偏好）与创新系统外涨落（如市场需求、科学技术的发展）。在远离平衡态时，战略性新兴产业创新系统的某种涨落可能被放大，从而促进创新系统的演化发展，如创新系统开放度的提高将引致外部扰动进入创新系统，从而引起创新系统的涨落变化，创新系统内部各主体之间的非线性作用进一步强化了系统与环境的互动。

(4) 非线性。战略性新兴产业创新系统与环境之间及创新系统内部各要素、各行为主体之间的相互作用分为竞争与合作两种形式，其本质是非线性的。竞争与协同的相互依赖过程是创新系统发展演化的过程，竞争与协同的相互转化是创新系统发展演化的推动力量。没有创新系统主体之间的竞争与合作，没有创新系统与环境的互动，就不会有新的创新系统结构出现，足够的非线性关系是战略性新兴产业创新系统产生自组织行为的动力。战略性新兴产业创新系统的非线性相互作用首先表现为创新中心网络各行为主体之间的协同与竞争作用；其次，表现为企业与政府、高校、科研机构和金融机构等的互动。

(5) 动态性。战略性新兴产业创新系统是远离平衡的，产业创新系统中各创新主体之间的联系以及创新网络中流动的各种创新资源是不断变化的。因此，战略性新兴产业创新系统会随着内外环境的变化而保持柔性，并不断演进、完善和自我更新。

4.2　战略性新兴产业创新系统的类型

4.2.1　战略性新兴产业创新系统的类型划分

1. 战略性新兴产业创新网络

战略性新兴产业创新系统本质上是产业创新网络，该网络被认为是实现新兴产业创新扩散和产业融合的主要途径。产业创新网络是指在一定范围内，企业、高校、科研机构、中介机构、政府机构、金融机构等各类与产业相关的节点之间所发生的与创新行为有关的正式或非正式的交互作用和相互联系的总和[322]。基于微观视角，产业创新网络是产业链上不同创新主体之间的创新行为、创新资源流动的组织结构和交流平台；基于宏观视角，产业创新网络是保障整个产业创新系统良性运行的有机组成部分和创新行为顺利实施的重要方式[217]。

关于战略性新兴产业创新网络研究，胡登峰等认为新能源汽车产业创新网络是为适应汽车产业发展需要，由不同的创新主体和客体所建立的网络组织形式(价值联系形式、技术关联形式、产业共享形式)、网络关系(紧密的联盟或者松散的联盟等)及其制度性安排(政府政策扶持)[323]。余雷等认为战略性新兴产业创新网络实现了经济网络、社会网络和创新网络的有机融合[324]。郭燕青和何地认为战略性新兴产业创新网络是在技术创新过程中，不同创新主体以实现产业价值创造为目的，通过整合和共享多方优势资源，协同从事产业创新活动，在特定交互式的作用下建立起的关系集合；并基于“技术”和“创新主体”两个维度，将战略性新兴产业创新网络分为多核心实验室型、多核心产业链型、多核心辅助型、多核心复合型、单核心实验室型、单核心产业链型、单核心辅助型、单核心复合型[325]。张路蓬等指出战略性新兴产业创新网络是指以战略性新兴企业为主体，在创新发展过程中，异质性主体通过协同合作、专利引用、战略协作等模式产生新的连接关系而形成的具有一定拓扑结构的网络[326]。

2. 战略性新兴产业创新系统的类型划分

本书在借鉴张永安和王燕妮关于创新网络研究[327]的基础上，从核心企业视角，根据核心企业在产业创新网络中是否形成，把战略性新兴产业创新系统划分为战略性新兴产业无核创新系统和战略性新兴产业有核创新系统两种。

4.2.2　战略性新兴产业创新系统的类型分析

1. 战略性新兴产业无核创新系统[320]

在战略性新兴产业无核创新系统中，核心企业尚未形成，整个网络中各行为主体不具有绝对网络控制权力，不能主导和控制整个创新网络运行，创新主体在地位上是平等的、在能力方面是相当的，其结构如图 4-2 所示。在该系统中，创新网络各企业主体由于势均力敌，加上创新资源和创新能力不足，极大地限制了对新技术、新知识的研究开发以及对外部技术的引进吸收。战略性新兴产业无核创新系统是战略性新兴产业创新网络演化的初级阶段，自主创新能力较弱，适合于针对重大技术开展利用式创新。

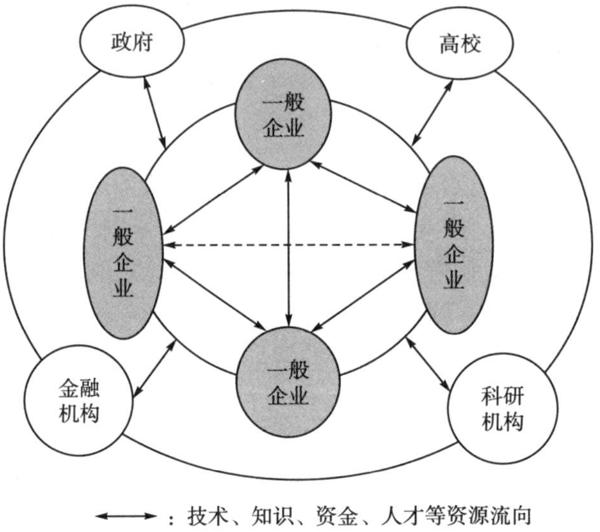

图 4-2　战略性新兴产业无核创新系统

2. 战略性新兴产业有核创新系统[320]

在战略性新兴产业有核创新系统中，核心企业已经形成，核心企业具有绝对网络控制权力，并主导和控制整个创新网络的运行，其结构如图 4-3 所示。核心企业具有很强的自主研究开发能力，在创新网络中处于主导地位，一方面通过与各创新主体紧密互动和实施影响来引导并驱动创新的发生，从而激发创新网络的创新活力；另一方面通过吸引具有互

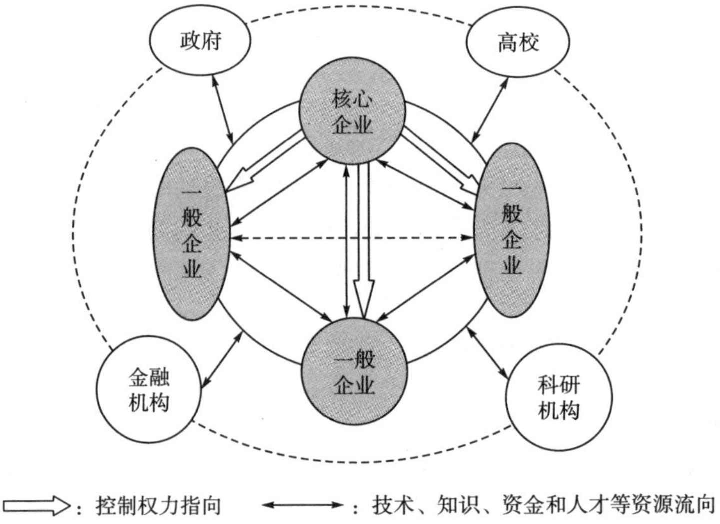

图 4-3　战略性新兴产业有核创新系统

补性或关联性强的企业或机构加入创新网络，从而进一步强化核心企业的主导地位，使创新网络结构更加合理和完善。战略性新兴产业有核创新系统是战略性新兴产业创新网络演化的成熟阶段，具有较强的自主创新能力，适合于针对重大技术开展探索式创新。

4.3　战略性新兴产业创新系统的治理

4.3.1　战略性新兴产业创新系统治理机制的构建

1. 创新网络治理

作为一种开放式创新网络，战略性新兴产业创新系统存在信息不对称和契约不完全所引起的道德风险和机会主义行为发生等缺点。因此，需要对创新系统进行治理，保障创新系统有序稳定运行，进而促进战略性新兴产业可持续发展。战略性新兴产业创新系统的治理本质上是对战略性新兴产业创新网络的治理。

关于创新网络治理，一直是创新网络研究的重点和热点。创新网络治理是指通过一定的正式或非正式机制，保障网络组织有效协同运行的过程。实践中，创新网络的运行涉及多个成员企业的参与，容易产生机会主义行为和成员企业“搭便车”现象，引起网络的不稳定性，最终导致创新网络失败。Jones 等指出网络治理是一个有选择的、持久的和结构化的自治企业(包括非营利组织)的集合，这些企业以隐性契约或开放式契约为基础从事生产与服务，以适应多变的环境，协调和维护交易，并进一步指出这些契约是社会性联结而非法律性联结[328]。Provan 将网络治理分为共同治理、核心企业治理和第三方治理[329]。谢永平等基于核心企业是否形成，把创新网络治理分为自发治理和核心企业主导治理，并指出创新网络治理是以核心企业的形成为转折点，在核心企业形成之前，成员企业基于自身所拥有的资源而与其他企业自发进行竞争与合作的关系治理；在核心企业形成之后，是由核心企业基于网络化设计而主导的互动与协同的网络治理[330]。

创新网络的治理依赖于治理机制的构建和良好运行。高洁等构建了基于信任、共同抵押、权力和激励的三环治理机制模型[331]。李维安则认为网络治理机制是指建立并保持网络主体联系，对主体创新资源进行优化配置，对主体创新行为进行激励与约束，对主体互动与合作关系进行协调的规则总合，其作用是维护和协调网络合作，提高网络整体运行效能[332]。罗茜认为创新网络治理机制是指促成创新网络形成、维护创新网络有效运行，通过对网络内知识权力主体的激励、引导和规范，实现网络内创新要素有效整合和创新资源有效配置，实现网络协同创新制度设计，具体可分解为创新网络形成机制、整合机制与创新机制[333]。

2. 战略性新兴产业创新系统综合治理机制

在开放式创新环境下，战略性新兴产业创新系统治理需要构建一套治理机制，该治理机制是对各创新主体的行为进行制约和协调的各种正式或非正式的规范和准则的总称，本质上是一种协调机制。在借鉴高洁等[331]关于创新网络治理机制相关研究的基础上，基于信任、声誉、权力和制度四个维度构建了战略性新兴产业创新系统的综合治理机制，其中信任机制是润滑剂，声誉机制是强化剂，权力机制和制度机制是保障，如图 4-4 所示[320]。

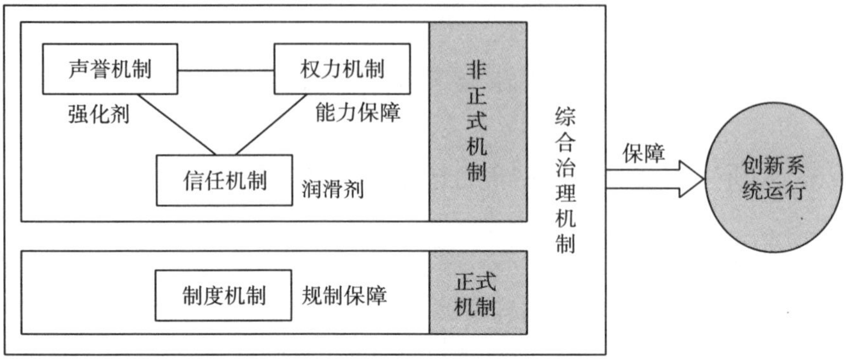

图 4-4　战略性新兴产业创新系统综合治理机制

4.3.2　战略性新兴产业创新系统治理机制的分析

战略性新兴产业创新系统治理机制包括信任机制、声誉机制、权力机制和制度机制等四种，具体分析如下[320]：

信任机制是战略性新兴产业创新系统持续有效运行的润滑剂，是非正式机制。信任能有效降低和减少创新系统中的不确定性和复杂性，是创新系统保持稳定性的基础。信任连接着各创新主体，有助于降低交易成本，从而提高战略性新兴产业创新系统运行的效率。

声誉机制是战略性新兴产业创新系统持续有效运行的强化剂，是非正式机制。声誉是基于信任基础上的企业家特征、技能等的综合表现，是企业重要的社会资本。创新主体信任度越高，其声誉就越好，从而增强创新系统集体或个体之间合作互动的有效性。通常声誉可通过激励创新主体积累人力资本，减少机会主义行为的发生。战略性新兴产业创新系统可通过加大对违约者的声誉惩罚来构筑约束机制，从而进一步强化创新系统运行的稳定性和有序性。

权力机制是战略性新兴产业创新系统持续有效运行的能力保障，是非正式机制。权力通常是创新系统中核心企业利用自身的技术知识实力或声誉对其他成员企业的行为进行监督、约束的影响能力。战略性新兴产业创新系统可通过权力机制对创新系统中的机会主义行为进行强制性的惩罚或制裁，从而保障创新系统运行的高效性。

制度机制是战略性新兴产业创新系统持续有效运行的规制保障，是正式机制，如政府法律法规、各种合作协议以及行业政策等。制度作为一种正式的规制安排，对创新系统成员的行为具有硬性约束作用，能促使各成员企业的行为变得更具可预见性，进一步强化各创新主体之间的信任合作，保证各合作方的利益，制裁机会主义行为。由于信任、声誉和权力本质上是软性约束机制，不能从根本上制止对合作创新的破坏，对战略性新兴产业创新系统的治理表现为非强制性和有限性。此外，战略性新兴产业创新系统是一个基于风险成本共担、成果利益共享的复杂组织系统，因此需要构建制度性的正式治理机制来弥补非正式治理机制的缺陷，从而保障和规范战略性新兴产业创新系统的正常有序运行。

在开放式创新环境下，战略性新兴产业创新系统综合治理机制会因创新系统类型和结构的不同，其组成机制要素的地位和作用也不同，尤其是主导机制要素的构成。战略性新兴产业无核创新系统由于网络中各创新主体能力相当、地位平等，其治理通常是以信任和声誉为主导机制，以权力和制度为辅助机制来促进创新系统的运行。战略性新兴产业有核创新系统属于核心企业主导的创新系统，核心企业的权力控制对创新系统持续运行起着决定性作用，其治理通常是以权力为主导机制，以信任和声誉为基础机制，以制度为辅助机制来实现整个创新系统的高效运行。

4.4　案例分析

4.4.1　集成电路装备产业创新系统

1. 国外集成电路装备产业创新系统分析[334]

1) 美国集成电路装备产业创新系统

美国集成电路装备产业企业约有 200 多家，在集成电路关键设备领域占据领导地位。2011 年，世界前 16 大集成电路装备生产商中有 7 家是美国企业，其中包括应用材料公司、科天公司、泛林半导体公司、诺发系统公司、泰瑞达公司等大型集成电路装备公司。美国集成电路装备产业已经形成了完善的创新系统，如图 4-5。

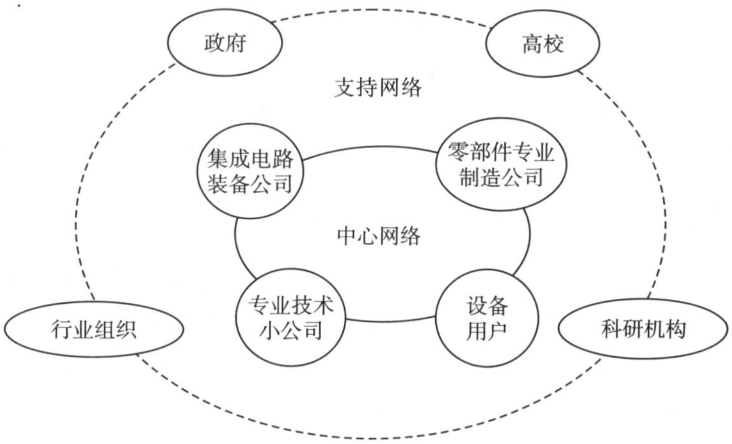

图 4-5　美国集成电路装备产业创新系统

(1) 创新中心网络。美国集成电路装备产业创新中心网络由集成电路装备公司、零部件专业制造公司、专业技术小公司和设备用户等构成。

集成电路装备公司。美国主要集成电路装备公司包括应用材料公司、科天公司、泛林半导体公司、诺发系统公司、泰瑞达公司等，各个公司均建有高水平的研发中心和专业人才研发队伍，许多关键集成电路装备都是由美国设备公司率先研发成功并投放市场。装备公司承担着设备样机研发和设备工艺研发。装备公司研发中心是创新技术供给的主体，主要研究下一代至下二代的新技术。装备公司在新技术研究和产品开发方面会投入大量的资金，一般以公司年销售收入的10%以上作为R&D经费。例如，应用材料公司在2008年的研发费用为9.3亿美元，为销售收入的18.6%，2012年为12.37亿美元，为销售收入的14.2%。

零部件专业制造公司。在设备批量制造方面，装备公司通过建立供应链和制造系统实现，零部件加工制造一般交给专业公司承担，从而降低因市场波动带来的风险。

专业技术小公司。专业技术小公司主要关注大型装备公司没有重点关注的细分领域，积极开展研发，产出大量重要的创新技术和产品，弥补了自身研发资金投入和人才队伍方面的不足。专业技术小公司研发的新技术，既有可能配套大型装备公司的主导技术，又有可能被大型装备公司直接收购成为其重要的技术来源。

设备用户。包括英特尔、三星、IBM 等知名企业在内的全球用户，并承担着第二次设备测试验证。

(2)创新支持网络。美国集成电路装备产业创新支持网络由美国政府、高校、科研机构、行业组织等构成。

美国政府。主要通过立法、科技计划、政府采购和国际贸易政策等手段促进美国集成电路装备产业的发展。一方面，通过政府采购创造产业需求，着重强调政府采购对市场需求的拉动和示范作用，且每年政府采购的比例随着民间市场需求的形成和增长而逐步降低。另一方面，运用外交和贸易手段为产业创造良好的外部环境。当美国集成电路装备产业遇到不利的国际环境时，美国政府就会充分利用外交、贸易、法律等手段为产业排除不利的国际环境的影响，如20世纪90年代的美日集成电路贸易战。此外，美国政府还与奥尔巴尼大学共建纳米科学与工程学院，投资建立了全美最先进的集成电路实验室和集成电路研发生产线，作为全美高校的集成电路技术合作研发平台。

高校。美国拥有众多世界一流的高校，其中奥尔巴尼大学对美国集成电路装备产业发展发挥着重要作用。一方面，奥尔巴尼大学利用与政府合作共建的高校公共研发平台，围绕装备公司的需求和重点，组织全美高校的优质资源，为大学与企业提供共同研究平台服务，共同开展基础技术和公共技术研究。另一方面，奥尔巴尼大学的纳米科学与工程学院与装备公司合作进行设备工艺研发，如刻蚀机、离子注入机、清洗机、封装设备等。此外，奥尔巴尼大学还可为装备公司提供第一次的设备测试验证服务。

科研机构。主要包括半导体制造技术战略(Semiconductor Manufacturing Technology，SEMATECH)联盟、欧洲微电子研究中心(Interuniversity Microelectronics Centre，IMEC)。SEMATECH 联盟是由美国政府支持、美国国防部牵头，由14家在半导体制造领域居领先地位的美国企业成立的，其核心成员包括GlobalFoundries、惠普、IBM、英特尔、奥尔巴尼大学的纳米科学与工程学院、三星、台积电、联电(UMC)等，其目标是开发半导体制造设备和制定行业规范。SEMATECH 联盟负责购买、测试半导体制造设备，将技术知识传播给其成员企业，通过统一购买和测试，减少企业重复开发，从而降低设备开发与引进的成本。IMEC 主要与美国集成电路装备公司合作进行设备工艺研发，并提供第一次的设备测试验证服务。

行业组织。主要是美国半导体行业协会(Semiconductor Industry Association，SIA)，其目标是为美国集成电路装备产业发展提供信息服务。

2) 欧洲集成电路装备产业创新系统

欧洲拥有全球领先的集成电路装备技术，在该领域的主要公司包括荷兰的 ASML 公司和 ASM 国际公司、德国的 SUSS 公司和 PeterWolters 公司、意大利的 LPE 公司、瑞士的 HCT 公司等。欧洲集成电路装备产业已经形成了完善的创新系统，如图 4-6。

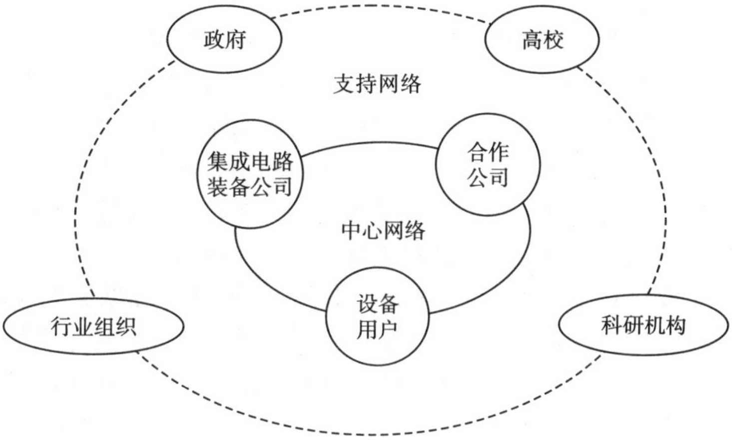

图 4-6　欧洲集成电路装备产业创新系统

(1) 创新中心网络。欧洲集成电路装备产业创新中心网络由集成电路装备公司、合作公司和设备用户等构成。

集成电路装备公司。欧洲主要集成电路装备公司包括 ASML、ASM 国际、SUSS、Peter Wolters、LPE、HCT 等公司，各个公司均建有高水平的研发中心，组建了人数众多的研发队伍，具有很强的技术研发实力和创新能力，许多关键集成电路装备是由欧洲公司率先研发成功并投放市场。装备公司研发中心是创新技术供给的主体，主要研究下一代至下二代的新技术。装备公司每年投入新技术研究和新产品开发的经费一般为销售收入的 10%，如 ASML 公司每年的 R&D 投入都超过销售收入的 13%。装备公司依靠自己的研发中心承担着设备样机研发，与工艺研发机构和用户合作进行设备工艺研发，如 ASML 公司在与 IMEC 合作开发集成电路的同时，与用户台积电、英特尔和三星公司保持合作，共同开发基于 ASML 公司的光刻机的集成电路研发工艺。

合作公司。主要根据装备公司整机产品需求开展零部件新技术研究，R&D 投入通常由整机装备公司和合作公司共同分担。合作公司的技术成果不用转移至整机装备公司，一旦研发成功，合作公司自然成为整机装备公司的技术供应商。此外，合作公司还承担着集成电路装备公司的零部件加工制造。

设备用户。包括英特尔、三星、IBM 等知名企业在内的全球用户，并承担着第一次和第二次设备测试验证。

(2) 创新支持网络。欧洲集成电路装备产业创新支持网络由欧洲各国政府、高校、科研机构、行业组织等构成。

欧洲各国政府。荷兰和德国为欧洲集成电路装备产业的发展营造了良好的政策环境。一方面，积极制定产业扶持政策，激励集成电路研发，如实施欧洲信息技术研究与发展战略计划(European Strategic Programme for Research and Development in Information Technology，ESPRIT)以及欧洲亚微米硅联合倡议(Joint European Submicron Silicon Initiative，JESSI)。另一方面，利用对外贸易政策为欧洲集成电路装备产业发展创造良好的外部环境，如欧盟与日本签署的自愿协议、向韩国半导体商采取的反倾销措施和要求非欧洲的半导体制造商在欧洲设立设计和技术部门。

高校。全球知名大学与欧洲集成电路装备公司建立了长期稳定的合作关系。如，代尔夫特理工大学与 ASML 公司合作开展运动台结构和控制技术研究，特文特大学与 ASML 公司合作开展光刻机控制软件系统技术的研究，鲁汶大学与 ASML 公司合作开展光刻机工艺测试技术的研究。奥尔巴尼大学与欧洲集成电路装备公司也建立了密切合作关系，并将其共同研究开发的平台向欧洲集成电路装备公司开放，共同开展基础技术和共性技术研究，为欧洲集成电路装备公司提供重要技术来源。

科研机构。主要包括 IMEC、SEMATECH 联盟。IMEC 在欧洲半导体产业发展中扮演了重要角色，其主要致力于信息通信系统发展所需要的技术研究与开发，以下一世纪的集成电路、封装技术、芯片设计和系统发展为研究重心。与欧洲和美国集成电路装备公司合作进行设备工艺研发，与部分设备用户合作共同为欧洲集成电路设备公司提供第一次设备测试验证服务。SEMATECH 联盟与欧洲集成电路设备公司合作，共享研发资源和测试验证服务，有效降低了设备开发及引进的成本。

行业组织。欧洲半导体行业协会(European Semiconductor Industry Association，ESIA)可为成员企业提供行业信息，组织成员研究集成电路的未来发展方向，制定集成电路工艺、材料和装备发展的路线图，指导集成电路装备企业的装备研发，引导集成电路装备产业快速有序发展。

3)日本集成电路装备产业创新系统

日本是世界集成电路装备产业发达国家，在该领域的主要公司包括东京电子(TEL)、大日本网屏(Dainppon Screen)、爱德万测试(Advantest)、日立(Hitachi)、尼康(Nikon)等。日本集成电路装备产业已经形成了完善的创新系统，如图 4-7。

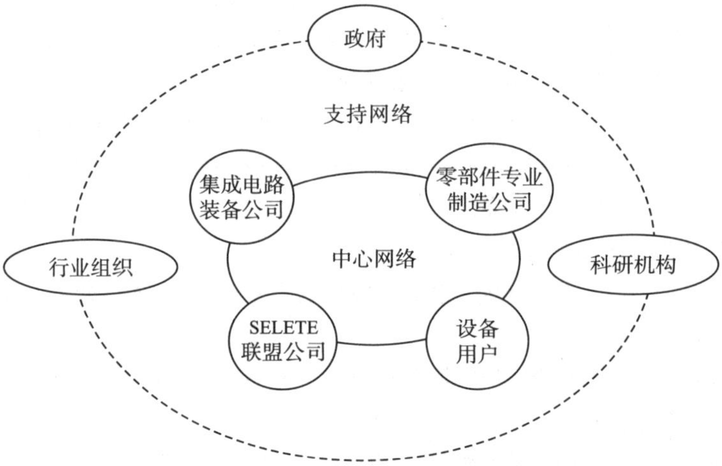

图 4-7 日本集成电路装备产业创新系统

(1) 创新中心网络。日本集成电路装备产业创新中心网络由集成电路装备公司、SELETE 联盟公司、零部件专业制造公司和设备用户等构成。

集成电路装备公司。日本主要集成电路装备公司包括东京电子、大日本网屏、爱德万测试、日立、尼康等公司，各个公司均建立了规模较大的研发中心，具有很强的技术研发实力和创新能力。许多关键集成电路装备都是日本公司的产品名列前茅，如光刻机、涂胶设备、划片机、超大规模集成电路(Very Large Scale Integration，VLSI)测试仪等。装备公司研发中心是创新技术供给的主体，主要研究下一代至下二代的新技术。装备公司非常重视 R&D 投入，每 R&D 投入经费一般为销售收入的 10%以上，如 TEL 公司自 2009 年以来，每年的 R&D 投入都超过销售收入的 13%。装备公司依靠自己的研发中心承担着设备样机研发，与 SELETE 联盟公司和 IMEC 同时合作或其中一家合作，开发基于设备的集成电路工艺。

SELETE 联盟公司。由日本主要集成电路公司合资成立的集成电路生产技术研发公司，专注于为日本公司开发新一代集成电路技术，提供集成电路制造企业解决方案。此外，还为日本装备公司提供第一次测试验证服务。

零部件专业制造公司。在设备批量制造方面，装备公司通过建立供应链和制造系统实现，零部件加工制造一般交给专业公司承担，从而尽可能降低市场风险。

设备用户。包括英特尔、三星、IBM 等知名企业在内的全球用户，并承担着第二次设备测试验证。

(2) 创新支持网络。日本集成电路装备产业创新支持网络由日本政府、科研机构、行业组织等构成。

日本政府。日本政府非常重视支持本土集成电路装备产业发展。通过科技计划支持产业基础技术研究，如 VLSI 计划、ASUKA 计划、MIRAL 计划、ASPLA 计划。引导推动企业联合协作，采取政府牵头进行基础技术和共性技术研发，技术成熟后，交由企业或企业联盟来完成具体的量产工艺研究。制定产业扶持政策，对重点项目和技术研发给予直接支持。

科研机构。主要包括 IMEC、VLSI 联盟。IMEC 为日本公司提供集成电路装备的工艺研发和第一次设备测试验证服务。VLSI 联盟是由日本通产省牵头，NEC、日立、三菱、富士通和东芝等共同建立的联合研发平台，重点研发集成电路的核心共性技术。

行业组织。日本电子信息技术产业协会(Japan Electronics and Information Technology Industries Association，JEITA)，为成员企业提供信息服务，组织成员企业研究产业发展方向，指导集成电路装备企业的装备研发。

综上分析，美欧日集成电路装备产业创新系统完善，属于有核战略性新兴产业创新系统且具有有限的开放性，产业创新能力强，具有明显的全球竞争优势。在创新中心网络层面，装备公司起着主导作用且成为产业创新技术的主要供给源，设备用户承担着设备测试验证工作，各个创新主体之间形成了较为稳定的合作关系。在创新支持网络层面，政府扮演着重要角色，通过制定产业政策积极扶持产业发展；公共研发平台(如奥尔巴尼大学的纳米科学与工程学院、SEMATECH 联盟、IMEC、VLSI 联盟)为共性技术和基础技术的研发提供了重要平台，减少了 R&D 投入和分担了研发风险；此外，行业协会为产业发展方向和相关信息的提供发挥了重要作用。

2. 我国集成电路装备产业创新系统分析[334]

根据中国半导体行业协会统计，中国集成电路产业销售额从2013年的2508.5亿元增长到2017年的5411.3亿元，五年间翻了一番，该产业2017年增速为24.8%，并首次实现设计、制造和封装三个分支的增长皆超20%[335]。2018年我国集成电路产业链中三大环节占比结构为[336]：集成电路设计占比38.57%，制造占比27.84%，封测占比33.59%。随着我国集成电路产业的发展，IC设计、芯片制造和封装测试三个子行业的格局正在不断变化，我国集成电路产业链结构也在不断优化。

我国集成电路装备产业的发展与整个集成电路产业密切相关，其发展大致经历了产业初创阶段(1956～1979年)、工艺重点发展阶段(1980～1999年)、装备产业奠定基础阶段(2000～2007年)、装备产业快速发展阶段(2008年至今)。我国集成电路装备产业近十年来发展快速，新的集成电路装备企业不断创立，集成电路装备产业创新系统初步形成(如图4-8)，产业呈现如下特点：企业成立时间短、企业数量多、企业规模小、企业相对集中在上海和北京、企业R&D经费主要依靠政府财政支持、企业间相互合作少、知识产权作用未能有效发挥。

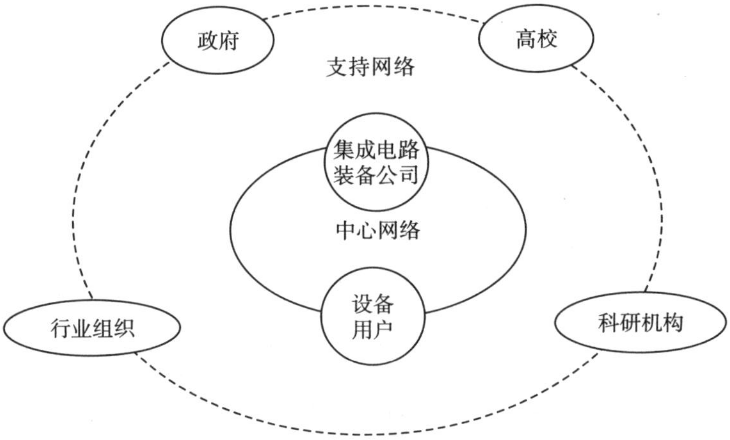

图4-8 我国集成电路装备产业创新系统

(1)创新中心网络。我国集成电路装备产业创新中心网络由集成电路装备公司和设备用户等构成。

集成电路装备公司。我国主要集成电路装备公司包括上海微电子公司、中微半导体设备公司、睿励科学仪器公司、盛美半导体公司、北京北方微电子公司、北京中科信公司、北京七星华创电子公司等，各个公司均建有研发中心和专业人才研发队伍。装备公司每年都投入一定的R&D经费，承担着设备样机研发，也有少数装备企业与高校或研究所合作开发设备样机，如上海微电子公司与浙江大学合作研发先进封装光刻机样机。装备公司与集成电路制造客户合作共同进行设备工艺开发，并承担着设备批量制造。

设备用户。包括长电先进公司、无锡海力士公司等国内企业，并承担着设备测试验证。

(2)创新支持网络。我国集成电路装备产业创新支持网络由政府、高校、科研机构、行业组织等构成。

政府。主要通过实施国家科技重大专项(如，“极大规模集成电路制造装备及成套工艺”国家科技重大专项)，设立集成电路产业扶持基金(如，建立了 1200 亿元规模的扶持基金)，出台多项产业扶持政策(如，2011 年国务院《进一步鼓励软件产业和集成电路产业发展的若干政策》)。

高校。浙江大学与上海微电子公司合作研发先进封装光刻机样机，清华大学与盛美半导体公司合作研发铜抛光设备样机。

科研机构。中国科学院沈阳自动化研究所、中国电子科技集团公司第十三研究所和第四十五研究所。

行业组织。行业协会有中国半导体协会、各省市的集成电路协会，如上海市集成电路协会、江苏省集成电路协会，其目标是为我国集成电路装备产业发展提供信息服务。行业联盟包括集成电路封测产业链技术创新战略联盟、光刻设备产业技术创新战略联盟。

综上分析，我国集成电路装备产业创新系统初步形成，但未融入美欧日集成电路产业创新系统，属于无核产业创新系统且创新系统的开放度不够，产业整体创新能力较弱，与发达国家相比存在较大差距。在创新中心网络层面，无核心企业，国外公司和海外人才成为我国集成电路装备产业创新技术的重要来源，部分设备用户承担着设备测试验证工作，各个创新主体之间的合作较少。在创新支持网络层面，政府扮演着重要角色，通过制定产业政策积极扶持产业发展；缺乏公共研发平台和公共的设备工艺研发与测试机构；此外，行业组织为产业发展方向和相关信息的提供发挥了重要作用。

4.4.2　移动通信产业创新系统

1. 国外移动通信产业创新系统分析[334]

1)美国移动通信产业创新系统

美国移动通信产业在全球处于领先地位。在该领域的主要有阿尔卡特-朗讯公司、高通公司、谷歌公司、摩托罗拉公司、英特尔公司、苹果公司等。美国形成了特色鲜明的移动通信产业创新系统，如图 4-9。

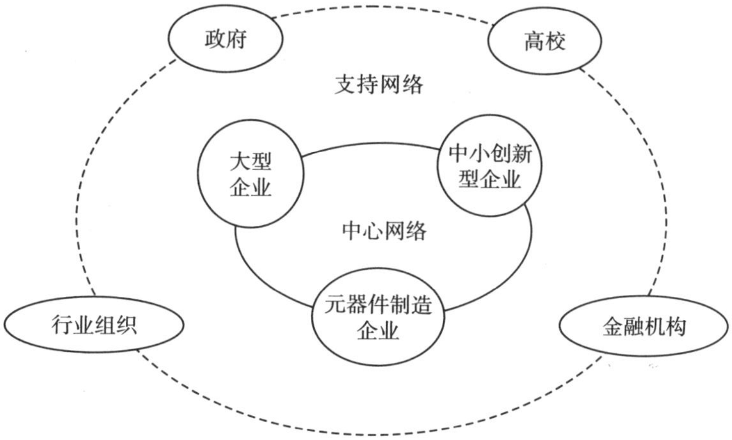

图 4-9　美国移动通信产业创新系统

(1)创新中心网络。美国移动通信产业创新中心网络由大型企业、中小创新型企业、元器件制造企业等构成。

大型企业。主要有阿尔卡特-朗讯、高通公司、谷歌公司、摩托罗拉公司、英特尔公司、苹果公司，并主导产业链的构建。阿尔卡特-朗讯是美国重要的系统设备供应商，旗下的贝尔实验室参与了从第一代到第四代移动通信的大部分关键技术研究开发。高通公司是全球最大的移动通信芯片和移动通信技术的提供者。摩托罗拉公司是美国智能手机技术的重要供给者。英特尔公司是美国手机无线芯片的主要供应商，是移动无线技术的主要开发者。苹果公司是美国最大的智能手机供应商和智能手机创新的第一领导者。

中小创新型企业。主要专注技术创新，如交互数字公司(IDC)是美国一家专门从事无线通信技术开发和专利授权的公司，向全球移动通信大公司提供技术授权，赚取专利许可费。

元器件制造企业。主要配合大企业进行产业化，如通过加大投资升级技术，向大企业提供业界顶级元器件。

(2)创新支持网络。美国移动通信产业创新支持网络由美国政府、高校、金融机构、行业组织等构成。

美国政府。政府非常重视支持本土移动通信产业发展，通过国防科研项目或军事采购、频率规划、军转民、对外贸易政策和市场壁垒等来全力支持产业发展。

高校。麻省理工学院是第三代移动通信 CDMA 和第四代移动通信 LTE 技术的重要奠基者。斯坦福大学是移动通信领域创新技术军转民的典范，每年在无线电、信息处理领域获得大量授权专利。此外，美国还有近 70 所大学在移动通信细分领域进行专业研究，如加州大学伯克利分校提出认知无线电系统协议体系，加州理工学院进行了软件无线电和超宽带等领域的研究。

金融机构。美国形成了天使投资、风险投资(venture capital，VC)、私募股权投资(private equity，PE)、首次公开募股(initial public offering，IPO)等面向不同创新阶段的接力式融资方式，有力支持了移动通信产业的发展。风险投资机构有 800 多家，一般由通信大企业主导，其中谷歌投资是美国第三大风险投资实体。

行业组织。主要有 RPX、Via Licengsing、MPEG LA 等公司为移动通信企业提供专利评估、转让和授权服务。美国通信工业协会(Telecommunication Industry Association，TIA)负责为美国通信国家标准筛选相关技术。CDMA 发展组织(CDMA Development Group，CDG)是美国移动通信产业化推进组织，主要工作是在全球推广和宣传 CDMA 技术。

2)欧洲移动通信产业创新系统

欧洲移动通信产业是全球移动通信产业发展的标杆，拥有全球最大的移动通信行业组织。在该领域的主要公司有爱立信、诺基亚、阿尔卡特-朗讯等。欧洲移动通信产业技术创新系统完善，如图 4-10。

(1)创新中心网络。欧洲移动通信产业创新中心网络由大型企业、专业技术开发公司、运营商等构成。

大型企业。主要有爱立信、诺基亚、阿尔卡特-朗讯等公司，是产业创新技术主要供给者。爱立信是全球移动通信产业的领导者，其技术创新影响着全球移动通信产业的发展方向。诺基亚是欧盟第二大移动通信设备商，长期引领移动通信技术创新。阿尔卡特-朗

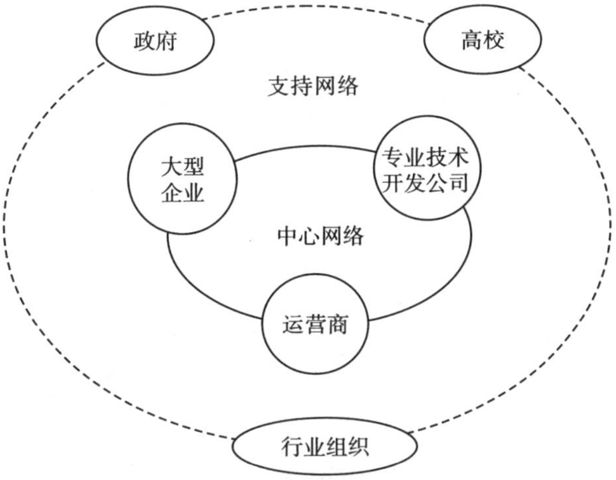

图 4-10　欧洲移动通信产业创新系统

讯是欧盟第三大移动通信设备商，掌握大量关键技术专利，在移动通信技术创新中具有较大的话语权。

专业技术开发公司。如英国 ARM 公司，专注设计各种处理器结构，并授权给芯片设计厂商，后者基于其架构开发芯片，并广泛应用于各种信息通信设备。

运营商。设备企业与运营商合作，有效解决了创新技术产业化过程中的市场应用问题。

(2) 创新支持网络。欧洲移动通信产业创新支持网络由政府、高校、行业组织等构成。

政府。欧盟主要通过框架计划资助重要技术领域内的研究开发，通过频率规划引导企业投入，实施反倾销调查帮助企业开拓海外市场。

高校。瑞典皇家理工学院是国际移动通信和射频技术研究开发领域的领先者。德累斯顿工业大学长期和通信设备厂商及运营商合作开发先进的无线通信技术。萨里大学长期和工业界合作，在电子工程、卫星通信和移动通信领域进行联合研究，并设立了全球第一个 5G 创新中心。剑桥大学在移动通信硬件和元器件技术研究方面处于世界领先地位。

行业组织。全球移动通信系统协会 (Global System for Mobile communications Association，GSMA) 是欧盟主导的全球移动通信领域的行业组织。全球移动供应商联盟 (Global Mobile Suppliers Association，GSA) 是欧盟发起成立的，向全球推广产业化最新成果，引导全球移动通信消费。欧洲电信标准化协会 (European Telecommumications Standards Institute，ETSI) 旨在促进厂商、研究团体之间的技术流转和合作。ETSI 旨在为产业界提供设备认证服务。

3) 日本移动通信产业创新系统

日本移动通信产业较为发达。在该领域的主要公司有 NTT-DoCoMo、NTT、NEC、富士通、夏普、松下、日立、三菱、京瓷等。日本形成了自身的移动通信产业创新系统，如图 4-11。

(1) 创新中心网络。日本移动通信产业创新中心网络由运营商、制造企业等构成。

运营商。NTT-DoCoMo 公司是日本最大的移动运营商，也是日本移动通信技术研发的主导企业。

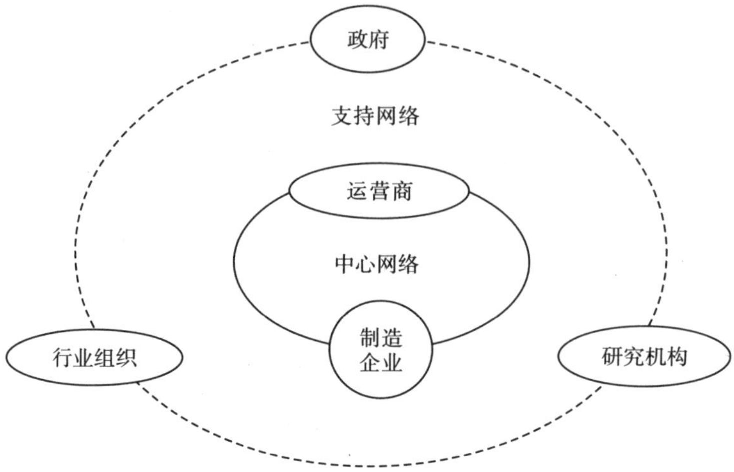

图 4-11 日本移动通信产业创新系统

制造企业。NEC 是日本主要的移动通信网络设备企业。富士通在移动通信射频、芯片等领域具有出色的技术，是日本手机终端和芯片的主要供应商。日立、京瓷和三菱等拥有许多移动通信技术专利。

(2)创新支持网络。日本移动通信产业创新支持网络由日本政府、研究机构、行业组织等构成。

日本政府。政府非常重视支持本土移动通信产业发展，通过科技项目经费支持、鼓励创新技术市场应用、支持行业组织发展并形成合力等支持产业发展。

研究机构。NTT 研究所是日本最大的研究机构，拥有上万项通信专利。国家信息通信技术研究院(National Institute of Information and Communications Technology，NICT)是日本唯一一家专门研究信息与通信技术的研发机构。

行业组织。无线工业及商贸联合会(Association of Radio Industries and Businesses，ARIB)提供标准化服务。移动 IT 论坛(mITF)组织产业界联合研发。XGP 论坛组织 TD-LTE 标准产业化和市场应用。Link 咨询公司专门为 WiMA 运营商提供 TD-LTE 技术升级咨询服务。

综上分析，美欧日移动通信产业创新系统完善，属于有核战略性新兴产业创新系统，产业创新能力强，具有明显的全球竞争优势。在创新中心网络层面，在美国，少数大企业主导着本国整个移动通信产业链的发展，中小创新型企业和元器件制造企业与大企业协同发展；在欧盟，少数大企业主导着整个移动通信产业链的发展，专业技术开发公司和运营商与大企业协同发展；在日本，由移动运营商来主导本国移动通信产业发展，制造企业与移动运营商协同发展。在创新支持网络层面，美国政府在本国移动通信产业发展中扮演着重要角色，通过国防项目引领移动通信产业技术创新，国家计划以海量需求为产业发展带来规模经济，动用大国影响力促进本国移动通信产业国际化发展；欧盟在本地区移动通信产业发展中扮演着重要角色，统一标准战略、统一移动通信频率规划、统一国际化市场推广，构建了国际化合作研发平台；日本政府在本国移动通信产业发展中扮演着重要角色，通过政府科技项目经费、研究机构和行业组织积极支持产业发展。

2. 我国移动通信产业创新系统[334]

中国通信企业协会副秘书长武锁宁认为：我国移动通信产业在改革开放中成长，又服务于改革开放；改革开放 40 年，中国移动通信产业逐渐由追赶者变为领先者，改写了世界移动通信的轨迹[337]。国务院发展研究中心原局长邓寿鹏表示，总体上，我国移动通信产业发展与改革开放同步，抓住了每一代技术发展，使得移动通信产业走在世界前列[336]。我国移动通信产业发展迅猛，具有了较好的产业发展基础。在该领域的主要公司有华为、中兴通讯、大唐电信、中国移动、中国电信、中国联通等企业。我国移动通信产业创新系统初具规模(图 4-12)，支撑了产业发展和技术进步。

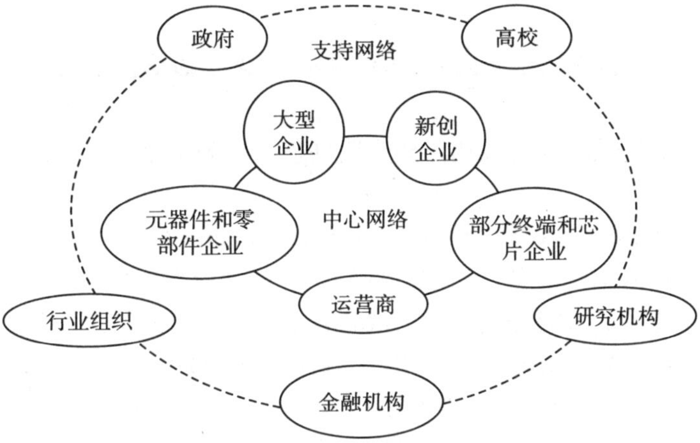

图 4-12　我国移动通信产业创新系统

(1) 创新中心网络。我国移动通信产业创新中心网络由大型企业、部分终端和芯片企业、元器件和零部件企业、运营商、新创企业等构成。

大型企业。主要有华为、中兴通讯、大唐电信、酷派、小米、海信、联芯、展讯、联想、宇龙锐迪科、国民技术等企业。其中华为是全球规模最大的移动设备厂商，是国内移动通信技术最大的创造者。中兴通讯是全球第五大通信设备供应商，在全球设有 18 个研发机构。

部分终端和芯片企业。展讯、联芯掌握了多磨多频芯片技术，打破了高通对该领域的垄断。小米开发了基于安卓系统的 MIUI 操作系统。酷派研发出了双卡双待手机。

元器件和零部件企业。在滤波器方面，有大富科技、国人通信、武汉凡谷。在光器件方面，有光迅科技、盛科、海思。在印刷电路板(PCB)方面，有方正科技、汕头超声。在传感器方面，有美新半导体、深迪半导体。

运营商。主要有中国移动、中国电信、中国联通等，它们引领着制造企业的产业化，如组织规模技术测试，引导制造企业的产品开发和技术完善；设立专项激励资金支持联合开发项目；进行大规模采集，引领创新技术产业化。

新创企业。主要是科技人员创办的企业，如重邮信科集团、星河亮点公司、东大通信公司、东大移动互联公司、港湾公司、摩卡公司、华三公司。

(2)创新支持网络。我国移动通信产业创新支持网络由政府、高校、研究机构、金融机构、行业组织等构成。

政府。政府非常重视支持本土移动通信产业发展，制定了产业发展规划。采取倾斜性市场准入政策促进移动通信技术商用成功，加大了对移动通信产业技术创新的财政支持，出台了面向 TD-SCDMA 发展的扶持措施，增加了移动通信创新发展的频率资源。

高校。北京邮电大学是国内移动通信技术创新最为活跃的大学，东南大学在无线宽带个别技术领域取得了进展。清华大学组建了无线与移动通信技术研究中心，其开发的“Turbo 编译码核心技术及其 IP”成为我国第三代移动终端基带芯片领域的核心技术之一。此外，重庆邮电大学、南京邮电大学、电子科技大学等在移动通信技术创新领域也有比较强的实力。

研究机构。有电信科学技术研究院、中国科学院无线通信技术研究中心、工信部电信研究院。

金融机构。主要是风险投资机构，如启明创投、顺为基金、晨兴创投、IDG、淡马锡控股等。

行业组织。中国通信标准化协会(China Communications Standards Association，CCSA)，主要提供技术信息服务、组织标准制定、推动标准实施。TD 产业联盟，主要提供知识产权评估和交易、协同开发服务、试验验证服务、市场信息服务。TD-LTE 全球发展倡议(Global TD-LTE Initiative，GTI)组织，旨在推动 TD-LTE 全球商用部署。

综上分析，我国移动通信产业创新系统初步形成，属于有核战略性新兴产业创新系统，产业创新能力进一步提高，具有一定的国际竞争优势。在创新中心网络层面，少数大企业(华为、中兴通讯、大唐电信等)主导着我国移动通信产业的发展，终端和芯片企业、元器件和零部件企业、运营商、新创企业与大企业协同发展。在创新支持网络层面，我国政府在移动通信产业发展中扮演着重要角色，通过制定产业发展规划，加大财政支持促进我国移动通信产业创新发展，高校、研究机构、金融机构、行业组织等积极服务于移动通信产业发展。

4.5 本章小结

本章首先将战略性新兴产业创新系统界定为开放式创新网络，认为战略性新兴产业创新系统是产业创新主体基于重大技术创新，通过协同创新和交互作用而形成的各种正式或非正式关系的总和。其次，分析了开放式创新环境下战略性新兴产业创新系统的构成和特征，探讨了开放式创新环境下战略性新兴产业创新系统的类型，构建了开放式创新环境下战略性新兴产业创新系统的治理机制。最后，针对国内外集成电路设备产业创新系统和移动通信产业创新系统进行了比较分析。本章关于开放式创新环境下战略性新兴产业创新系统的研究，为后续战略性新兴产业创新能力的相关研究提供了理论基础。

第 5 章　开放式创新环境下战略性新兴产业创新能力

5.1　战略性新兴产业创新能力的内涵

5.1.1　战略性新兴产业创新能力的概念

1. 相关研究

关于高技术产业创新能力，杨楠认为高新技术产业技术创新能力是以产业本身经济、技术实力为基础，获得对产业可持续发展具有推动作用的专利技术，同时采用引进消化再吸收的方式，强化产业的核心技术，为产业获得市场竞争力所具备的综合能力[17]。李丹和王欣认为高技术产业创新能力是指以高技术企业为创新主体，通过与其他相关机构的协调与合作，促进高技术产业技术创新，实现技术转化，从而提高产业竞争力、推动产业发展与经济增长的能力[20]。

关于战略性新兴产业创新能力，王珊珊等指出新兴产业开放式创新能力是指以依靠产业内生力量为主，同时广泛吸收外部创新资源，通过跨产业、跨区域的企业、高校、科研院所、相关机构、消费者、政府等多主体联动及其资源的有效集成，实现产业核心技术突破和持续技术进步，并快速转化为新产品，以及开拓新市场的能力[155]。俞之胤认为战略性新兴产业创新能力是以产业需求为主导，进行持续技术创新和产业其他要素协同创新活动，将所获取的经济效益转化为产业成长的动力来源，同时提升产业地位的综合能力，即实现创新活动及成果转化的综合能力[59]。温晓慧等指出生物医药产业创新能力是生物医药产业在创新发展过程中，运用政府主导的产业创新政策，依据生物医药产业自身对产业集群环境依赖的特点，产业内各相关主体间共同协作形成产业网络，在整个网络中发生的一系列创新活动和创新行为，从而实现生物医药技术、产品、市场、区域和政策的创新产出，进而体现生物医药产业的竞争力[51]。

2. 概念界定

根据开放式创新特征，结合战略性新兴产业创新的特征，本书认为在开放式创新环境下，战略性新兴产业创新能力是指战略性新兴产业创新主体(企业、政府、科研院所、金融机构等)，以产业需求为导向，为解决产业重大关键技术问题，基于对外部技术知识的搜索、获取、消化和吸收以及对内外技术知识的整合、应用转化和扩散，进而创造更高商业价值、获取高额创新收益并促进产业整体竞争力提升的动态创新能力系统[100]。在开放式创新环境下，战略性新兴产业创新能力可看作是资源整合再创新能力，本质上是一种开放式创新能力。

5.1.2 战略性新兴产业创新能力的特征

俞之胤认为战略性新兴产业创新能力具有全球竞争性(战略性新兴产业创新能力从发展伊始便处于全球竞争态势下，其发展和成长也离不开全球性竞争)，产业根植性(战略性新兴产业创新能力与产业环境互动关联、相互影响)，多主体性(产业创新能力的决定性因素是所有参与方合作创新的方式和效果)，路径依赖性(战略性新兴产业历史创新活动和知识累积对产业创新能力的影响是决定性的)，隐性知识特性(战略性新兴产业因其技术的尖端性和前沿性，与其创新能力相关的隐性知识的作用较其他行业更为明显)等特征[59]。在开放式创新环境下，战略性新兴产业创新能力是一种开放式创新能力，蕴含资源整合能力、协同创新能力、动态创新能力，具有整合性、协同性和动态性等特征。

战略性新兴产业创新能力的整合性表现为产业对内外部创新知识、技术、资金、人才、设备等资源的整合创新利用、集成创新利用的能力。

战略性新兴产业创新能力的协同性表现为产业创新企业对顾客、供应商、竞争对手、大学、科研机构、政府等不同主体进行协作、协调、沟通进而促进群体创新活动有序开展的能力。

战略性新兴产业创新能力的动态性表现为在动态环境下(技术环境动态性、需求环境动态性、竞争环境动态性和政策环境动态性)，产业创新主体主动随着内外部创新环境的变化，通过有计划实施创新能力更新升级或跃迁的自组织创新发展的能力。

5.2 战略性新兴产业创新能力的类型

基于开放式创新的分类，本书将开放式创新环境下的战略性新兴产业创新能力分为内向型开放式创新能力和外向型开放式创新能力两类。

5.2.1 战略性新兴产业内向型开放式创新能力

内向型开放式创新能力是产业通过大规模定制、创新网络构建、众包以及购买技术服务或技术授权、联合开发、非股权战略联盟、内部孵化、技术并购等方式，利用与协调顾客、供应商、其他竞争对手、大学、科研机构、政府等外部组织的互补性能力，从外部获取创新资源(技术、知识、创意等)并进行消化吸收再创新的能力。通常，行业核心企业(大企业)的资源整合再创新能力代表了战略性新兴产业的内向型开放式创新能力水平。

5.2.2 战略性新兴产业外向型开放式创新能力

外向型开放式创新能力是产业通过寻求最合适的外部组织(竞争对手、供应商、顾客、科研机构、政府等)，以非股权战略联盟、提供技术或者销售技术授权的方式，将内部的知识或技术等创新成果向外部组织扩散并外部商业化利用，进而获取行业高额收益的能力。通常，行业核心企业或技术领先企业或大企业的技术知识外部商业化利用能力代表了战略性新兴产业的外向型开放式创新能力水平。

5.3 战略性新兴产业创新能力的构成要素

5.3.1 战略性新兴产业创新能力的构成要素界定

1. 相关研究

关于开放式创新能力构成要素，Lichtenthaler 等基于知识管理视角将开放式创新能力划分为发明能力、转变能力、创新能力、吸收能力、连接能力和解吸能力[146]。牟绍波和王相平基于集群层面认为开放式创新能力由技术吸收能力、创新文化、市场能力和社会资本等要素组成[152]。王丽和施建军认为开放式创新能力由开放式创新文化、开放式创新过程能力和洞察环境能力构成[338]。王珊珊等认为在开放式创新环境下，新兴产业创新能力是多种能力的复合，体现为一种综合能力，由创新投入能力、创新资源整合能力、创新产出能力和创新扩散能力构成，四个维度的能力之间是联动和协同发展的，其中资源整合和创新扩散是最能体现开放式创新特征的两个重要维度[155]。

关于产业创新能力构成要素，李邃和江可申基于企业动态能力的整合能力、学习能力和重构能力等三个维度，以产业网络为活动背景，结合高技术创新能力和动态能力构建了高技术产业创新能力，包括创新资源的投入产出能力(整合能力)、创新活动的转化波及能力(产业网络的学习吸收能力)与创新环境影响的支撑能力(重构能力)三个维度[339]。段婕和刘勇认为装备制造业的技术创新能力构成要素包括技术创新保障能力、创新资源投入能力、技术创新转化吸收能力和创新资源产出能力四个方面[340]。杨波指出我国生物医药产业创新能力具有多层次、多结构的特点，包括创新资源投入能力、创新资源产出能力、创新资源转化能力和行业环境、制度环境等五大维度[341]。刘琪指出生物产业是典型的高科技产业和知识密集型产业，其创新发展离不开高水平人才、高水平技术作为支撑，产业创新环境、人才与技术支撑、产业创新状况、产业创新活力等四个方面形成的合力构成了生物产业创新能力的客观、外在表现[342]。俞之胤认为自主创新能力、模仿创新能力、创新投入能力、创新成果的引进能力和消化吸收能力等是战略性新兴产业创新能力组成部分；基于横向视角，将战略性新兴产业的创新能力划分为管理创新能力、结构创新能力、技术创新能力和制度创新能力等构成要素；基于纵向视角，将战略性新兴产业的创新能力划分为创新投入能力、创新转化能力、创新产出能力、创新引进能力、创新扩散能力和创新发掘能力等构成要素；基于可对比性的综合考量，将战略性新兴产业创新能力划分为创新基础能力、创新环境支持能力、创新投入能力和创新产出能力等构成要素[59]。李丹和王欣认为高技术产业创新能力由技术创新投入能力、技术创新获取和改造能力、技术创新产出能力和技术创新支撑能力等要素构成[20]。曹兴等根据战略性新兴产业自主技术创新能力的形成路径，指出战略性新兴产业自主技术创新能力包括资源投入能力、执行能力、产出能力以及环境支撑能力四个要素[44]。何平将高技术产业技术创新能力构成要素分为创新产出能力、创新投入能力以及创新环境保障能力[343]。

2. 构成要素界定

战略性新兴产业创新是一个复杂的投入产出过程，该过程反映了产业创新资源投入与创新成果产出之间的相互关系。在借鉴段婕和刘勇[340]关于产业创新能力相关研究的基础上，本书认为在开放式创新环境下，战略性新兴产业创新能力由技术吸收能力、创新投入能力、创新转化能力、创新产出能力和环境支撑能力等要素构成。战略性新兴产业创新能力是战略性新兴产业为适应外部环境的变化，对其构成要素的动态整合能力。为此，本书基于技术吸收能力(吸收力)、创新投入能力(投入力)、创新转化能力(转化力)、创新产出能力(产出力)和环境支撑能力(支撑力)等五个维度构建了开放式创新环境下战略性新兴产业创新能力的“五力”模型[100]，如图 5-1 所示。

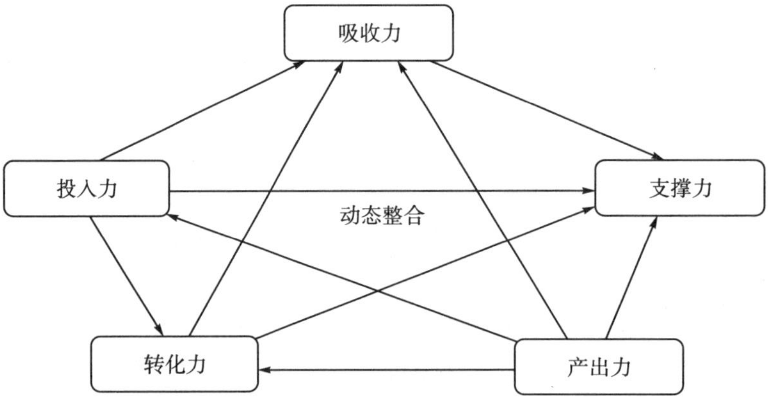

图 5-1 开放式创新环境下战略性新兴产业创新能力的“五力”模型

战略性新兴产业创新能力“五力”模型表明：战略性新兴产业创新能力五要素之间相互联系、相互作用，共同构成一个有机能力体系。在开放式创新环境下，通过对技术吸收能力、创新投入能力、创新转化能力、创新产出能力和环境支撑能力等进行动态整合，战略性新兴产业才能有效实施开放式创新，进而不断提升产业创新能力。

5.3.2 战略性新兴产业创新能力的构成要素分析

技术吸收能力是战略性新兴产业对外部技术知识的搜索、获取和消化吸收的能力，反映了对外部技术的搜索、获取和消化吸收情况，是开放式创新环境下战略性新兴产业创新能力的核心构成要素；创新投入能力是战略性新兴产业创新过程中人、财、物等创新资源的投入能力，反映了创新资源的投入数量和配置情况；创新转化能力是战略性新兴产业创新主体通过开放式创新活动将人、财、物等创新资源转化为具有自主知识产权的创新产出的能力，反映了创新资源转化为具有自主知识产权成果情况；创新产出能力是战略性新兴产业创新主体通过创新活动创造出的具有自主知识产权创新成果的能力，反映了新产品和新专利的数量和增长率情况；环境支撑能力是战略性新兴产业所处的内外部环境对其实施创新活动的支持能力，包括企业层面、产业层面和宏观层面环境支持能力，反映了研发环境对创新活动的支撑情况。

5.4　战略性新兴产业创新能力的影响因素

5.4.1　相关研究

刘峰将我国战略性新兴产业创新能力提升的影响因素分为直接因素和间接因素，其中直接因素包括技术创新投入不足、结构不合理，对全产业链的技术创新管理不足，技术创新的商业示范规模和范围不够；间接因素包括定价机制不合理，技术创新金融支持不足，技术转移中知识产权管理的有关规定不完善，产业规制不当[55]。郭晓丹等认为政府补贴可有效调节战略性新兴产业研发创新的积极性，增加政府补贴，企业将获得更多的专利[344]。刘辉等通过研究发现，创新投入对提高战略性新兴产业创新成果数量和质量有正向促进作用[345]。

俞之胤指出，在战略性新兴产业发展过程中微观企业执行者、中观产业状况以及宏观社会环境等会影响战略性新兴产业创新能力，并基于波特五力模型和 PEST 模型分别对战略性新兴产业创新能力的中观影响因素和宏观影响因素进行分析，认为中观影响因素包括供应商、购买者、同行业竞争者、替代者和新进入者，宏观影响因素包括政治环境、经济环境、社会文化环境、技术环境[59]。刘继兵等从正规制度环境和非正规制度环境两个层面分析了不同要素对战略性新兴产业创新能力的具体影响，通过对各省域进行实证研究，分析了我国不同地区制度环境对战略性新兴产业创新能力的影响[30]。Prud' homme 通过研究发现比较优势、技术创新能力、经济规模和收入等因素对战略性新兴产业发展有促进作用[346]。Kamasak 等研究发现知识管理对新兴产业创新绩效有显著的促进作用[347]。

梁琳和吴昊认为高技术产业技术创新能力发展的制约因素包括产业政策(在某种程度上有助于解决创新融资问题、优化技术创新激励、降低边际成本，但是在施行的同时也会对技术创新起到负面的抑制作用)，市场结构(完全竞争市场和完全垄断市场不利于技术创新能力的提升，垄断竞争市场和寡头垄断市场有利于促进重大技术创新的产生)，企业创新机制(企业创新机制有利于促进企业技术创新活动科学、有效以及高质量、高水平和高效率的运行，提高企业技术创新能力)，企业规模(大企业拥有先进的技术和大量的专业人员，在开发和应用先进技术上能力较强，达到规模经济，实现成本最小化和利润最大化，小企业创新活动周期更短，效率更高，创新更敏感，灵活性更强，对外部环境变化的反应更快)和产业集聚程度(产业集聚有利于提升产业技术创新竞争活力，扩大企业技术创新网络，降低企业技术创新的成本)[54]。邱士雷等指出创新投入是影响高技术产业创新能力的决定因素，区域内 R&D 投入(经费、人才)的提高会促进本区域的创新产出；产业专业化对创新产出具有显著的促进作用，产业分散化对产业创新活动呈现负相关；竞争效应通过高技术产业中外资企业 R&D 经费投入对技术创新有促进作用[348]。金成指出战略性新兴产业技术创新能力的影响因素包括产学研合作关系(网络化创新范式下高效率的技术创新模式建立在企业与高校、科研机构相互协作的基础上)，政府 R&D 投入(主要包括以面向高校和科研院所为主体的基础理论研究和应用技术研究，以面向市场化的战略性新兴产业相关企业研发创新项目投入等)，产业创新集中度(使用产业中发明专利授权数量排名前十的企业获得授权的专利总数占产业专利授权总数的比值表示)和金融支持强度(战略性新兴产业无论是新技术的研究与开发，还是已有研究成果的产业化，都需要完备的金融体系予以支持)[68]。周泽炯和陆苗苗(2019)基于知识生产函数和市场需求、政府补贴及技术对企业创新的交互作用模型，从理论上分析了战略性新兴产业自主创新能力的内部驱动因素(企业 R&D 投入是实现战略性新兴产业创新驱动发展的核心内部驱动因素)和外部驱动因素(主要包括政府补贴和市场需求)[69]。

5.4.2 战略性新兴产业创新能力的影响因素分析

根据高伟凯关于产业技术创新影响因素的分类[349]，结合战略性新兴产业创新的特征以及创新能力构成要素，本书从投入因素和环境因素两个方面来分析开放式创新环境下战略性新兴产业创新能力的影响因素，具体如下[100]。

1. 投入因素

在开放式创新环境下，获取外部创新资源是战略性新兴产业实施开放式创新的首要目标。战略性新兴产业创新是一个基于外部创新资源获取的创新资源投入与产出过程，其创新主体包括企业、政府、科研院所和金融机构等，各创新主体对创新的投入程度和投入规模直接影响着战略性新兴产业创新能力。本书从企业和政府两个层面来分析影响战略性新兴产业创新能力的投入因素。

1)企业层面

企业层面的投入因素包括对外部技术获取的投入、R&D 投入、人力资本投入和新增固定资产投入，如表 5.1。

表 5.1 企业层面投入因素

企业层面投入因素	构成	作用
对外部技术获取的投入	对外部技术进行搜索和获取的经费投入和人力投入	对外部技术获取的投入是开放式创新实施的前提条件和创新资源投入能力的重要体现
R&D 投入	R&D 经费投入和 R&D 人员的投入	R&D 投入是创新转化能力提升的保障
人力资本投入	科研人员引进和培养的投入	人力资本投入是创新转化能力提升的保障
新增固定资产投入	先进设备和工具等的购置投入	新增固定资产投入是创新产出能力提高的助推器

2)政府层面

政府层面的投入因素包括政府对战略性新兴产业企业的科技投入和公共服务平台建设的投入，如表 5.2。

表 5.2　政府层面投入因素

政府层面投入因素	作用
对战略性新兴产业企业的科技投入	为企业更好地实施开放式创新提供经费支持，促进创新转化能力的提升
公共服务平台建设的投入	改善企业开放式创新环境，增强开放式创新能力，从制度创新层面培育和打造战略性新兴产业竞争优势

2. 环境因素

影响战略性新兴产业创新能力的环境因素主要包括产业开放式创新文化、产业技术环境、产业竞合环境、产业服务环境和产业政策环境等，如表 5.3。

表 5.3　环境因素

环境因素	内涵	作用
产业开放式创新文化	产业开放式创新文化是战略性新兴产业创新主体在开放式创新过程中形成的能持续激发企业创新思想、创新意识、创新活力、创新动机和创新行为产生的独特价值观、行为准则和创新制度	产业开放式创新文化是影响战略性新兴产业创新能力的最直接的文化力量，是战略性新兴产业核心竞争力的重要体现
产业技术环境	产业技术环境是产业技术基础、技术水平、研究开发能力、知识产权与专利保护状况等的总称	产业技术环境为战略性新兴产业实施开放式创新提供技术积累和技术保护，是影响战略性新兴产业创新能力形成和提升的直接因素
产业竞合环境	产业竞合环境是产业内企业之间相互联系、相互作用和相互竞争合作而形成的产业竞合态势	战略性新兴产业企业之间相互竞争合作有利于激发企业创新的活力和动力，进而在产业内形成和谐竞争合作生态环境，是影响战略性新兴产业创新能力提升的动力因素
产业服务环境	产业服务环境是金融机构、中介机构以及科研院所等为战略性新兴产业实施开放式创新所提供的创新服务的总称	金融机构的融资服务、中介机构的服务支持以及科研院所的智力支持是战略性新兴产业成功实施开放式创新的重要保障，并对战略性新兴产业创新转化能力和产出能力具有直接的支撑作用
产业政策环境	产业政策环境是政府为支持战略性新兴产业实施开放式创新而制定和颁布的创新支持政策的总称，如支持开放式创新的补贴政策、有效的投融资政策、宽松的财税政策、有效的人才引进和激励政策、技术引进与交易政策以及资金投入政策等	政府产业支持政策为战略性新兴产业实施开放式创新提供了强有力的政策保障，其有效实施对提升战略性新兴产业创新能力起着重要的支撑作用

5.5　本 章 小 结

本章首先对开放式创新环境下战略性新兴产业创新能力的概念进行了界定，认为战略性新兴产业创新能力是创新主体以产业本身经济、技术实力为基础，以产业需求为主导，为解决产业重大关键技术问题，基于对外部技术知识的获取和吸收以及对内外技术知识的整合、扩散和转化，进而创造更高商业价值、获取高额创新收益并促进产业整体竞争力提升的动态创新能力系统。其次，基于开放式创新的分类，对开放式创新环境下战略性新兴产业创新能力的类型进行了探讨。最后，探讨了开放式创新环境下战略性新兴产业创新能力的构成要素，构建了开放式创新环境下战略性新兴产业创新能力的“五力”模型，分析了开放式创新环境下战略性新兴产业创新能力的影响因素。

第 6 章　开放式创新环境下战略性新兴产业创新能力形成的动力机制

6.1　创新能力的形成

6.1.1　企业层面

关于企业创新能力的形成，徐大可和陈劲认为技术学习过程能够有效形成企业自主创新能力，也是企业提高自主创新能力的有效模式；并指出企业知识积累、R&D 活动以及技术学习共同影响企业自主创新能力的形成[350]。徐杰等强调知识集成对企业自主创新能力的形成起着重要作用，认为知识集成通过对集体知识的捕获、共享和集成，运用集体的智慧提高应变能力和创新能力，从而推动创新能力持续提升[351]。靳洪认为企业战略创新能力的形成过程是驱动力和阻力相互作用的过程，当驱动力强于阻力时，动力则增强，并会推动企业战略创新能力的形成；当阻力强于驱动力时，动力则减弱，将会阻碍企业战略创新能力的形成；并分别从内驱动力、内阻力、外驱动力、外阻力等四个方面分析了企业战略创新能力的形成动力[352]。

6.1.2　产业层面

关于产业创新能力的形成，丁永波等研究了产业创新能力的培育机制，认为产业创新能力的形成应立足于以企业为主体的产业技术创新机制，并有赖于政府引导机制、资金筹集机制以及人才机制等共同发挥作用[353]。孟梓涵认为战略性新兴产业创新能力的形成是产业组织知识积累的过程，并借助系统动力学方法，在既定系统边界和假设的基础上对战略性新兴产业创新能力形成过程进行研究，得到战略性新兴产业创新能力形成过程的因果结构[354]。曹兴等结合战略性新兴产业的特征，指出战略性新兴产业自主技术创新能力形成的主要动力来源可概括为利益诱导、产业升级、科技创新、创新环境等方面；认为战略性新兴产业自主技术创新能力的形成是一个动态复杂过程，并基于系统分析方法分析了战略性新兴产业自主技术创新能力形成的关键因素，构建了战略性新兴新产业自主技术创新能力形成的动力体系理论模型[355]。林平凡和刘城在探讨区域创新体系与产业突破性创新能力相互关系的基础上，分析了区域创新体系中产业突破性创新能力形成的动力机制，认为产业突破性创新能力形成是一个复杂的过程，是外部动力和内部动力共同作用的结果，实质上是区域创新体系运行的结果[356]。王宏起等认为战略性新兴产业核心能力的形成受创新驱动力、需求拉动力和政策引导力的综合作用影响；并指出创新网络集成的产业创新优势资源，是产业核心能力快速形成的基础，围绕主导优势的创新互动和知识积累加快了产业核心能力的形成[357]。周泽炯和陆苗苗将战略性新兴产业自主创新能力的驱动因素分为内部驱动因素和外部驱动因素，并从这两个角度分别构建知识生产函数以及市场需求、政府补贴和技术对企业创新的交互作用模型，进而深入探讨了战略性新兴产业自主创新能力的驱动因素[69]。

6.1.3 区域层面

关于区域创新能力的形成，陈光和王永杰认为区域技术创新能力的形成主要通过主体间创新要素的位移、模仿、复制和学习来推动[358]。邵云飞和谭劲松指出区域技术创新能力的形成是区域技术创新能力演进过程中的一个环节，认为区域技术创新能力的形成与提高，不仅与行为组织自身的运行机制紧密相，更取决于各行为组织之间的交互作用和结合方式以及知识配置能力[359]。

6.2 战略性新兴产业创新能力形成的自组织分析

在开放式创新环境下，战略性新兴产业创新能力形成过程是产业持续创新发展的过程，也是一个自组织演化过程，该过程与自组织机制密切相关。在借鉴笔者之前相关研究[321]的基础上，并根据复杂理论，本书认为开放性是战略性新兴产业创新能力形成的前提，涨落是战略性新兴产业创新能力形成的诱因，非线性相互作用是战略性新兴产业创新能力形成的驱动力。

6.2.1 战略性新兴产业创新能力形成的前提

根据耗散结构理论可知，任何系统只有通过开放并不断与外界环境进行物质、能量和信息的充分交换，获得足够的负熵流，并且处于远离平衡的非平衡态才能使系统形成新的自组织结构。战略性新兴产业要保持持续的创新，必须要保持系统的自组织特性，通过对外开放与外界环境进行物质、能量和信息的交换，从外部环境中获取产业创新发展所需的人才、资金、信息等负熵流，从而形成远离平衡的开放系统，这是战略性新兴产业创新能力形成的前提条件。

战略性新兴产业创新能力的形成离不开高素质的人才。产业企业可以通过引进国内外高端人才，特别是创新领军人才，从而不断完善企业的人才结构；另一方面，可以通过科技教育和岗位培训，不断提高员工素质，从而有效地抑制系统人才熵增，促进产业创新系统持续创新。

战略性新兴产业创新能力的形成需要大量的资金。资金问题是战略性新兴产业创新发展过程中面临的一大瓶颈。产业企业可考虑从外部环境中进行融资，如股票融资、债券融资、银行贷款等。

战略性新兴产业创新能力的形成需要大量的知识。知识是战略性新兴产业创新能力的内在本质，是战略性新兴产业创新发展的核心要素。产业创新主体可从外部环境中获取知识从而增加产业创新所需的知识负熵流。

6.2.2 战略性新兴产业创新能力形成的诱因

根据复杂理论，在远离平衡的开放系统中，涨落对产业创新系统起着重要作用，是战略性新兴产业创新能力形成的诱因。战略性新兴产业创新系统的涨落包括由政府政策、市场需求、技术、人才和资金等因素引起的涨落。战略性新兴产业创新系统的涨落可以分为：产业内涨落(如企业家精神、创新文化、创新收益等)与产业外涨落(如政府政策、市场需求、外部竞争、科学技术等)。

在产业创新系统远离平衡态时，战略性新兴产业创新系统的某种涨落可能被放大，如创新开放度增加将促进外部扰动进入产业创新系统，从而引起产业创新系统的涨落变化。产业创新系统内部各要素、各主体之间的非线性作用可进一步强化战略性新兴产业创新系统与外部环境的互动，并促进战略性新兴产业创新能力的形成。

6.2.3 战略性新兴产业创新能力形成的推力

战略性新兴产业创新系统内部各要素、各行为主体之间的相互作用以及产业创新系统与外部环境之间的相互作用可归结为两种模式：竞争与合作，其本质表现为非线性相互作用。足够的非线性关系和相互作用是战略性新兴产业创新系统产生自组织行为的动力。

战略性新兴产业创新能力形成过程中的非线性相互作用首先表现为产业创新中心网络内各行为主体之间的竞争与合作；其次是产业企业与政府、大学、科研机构、中介机构等的互动。竞争与合作的相互依赖、相互转化是战略性新兴产业创新能力形成的推动力量。

6.3 战略性新兴产业创新能力形成的动力分析

在开放式创新环境下，战略性新兴产业创新发展过程伴随着其创新能力形成的过程。在该过程中，既有创新的驱动因素，也有创新的阻碍因素，两种因素分别产生的力量(驱动力和阻力)的合力构成了战略性新兴产业创新能力形成的动力。因此，战略性新兴产业创新能力形成的动力是一种综合动力，即由驱动力与阻力的叠加而形成的。

在战略性新兴产业创新能力形成的过程中，驱动力和阻力随时相伴，当驱动力强于阻力时，产业创新能力形成的动力则增强，进而促进产业创新能力的形成，最终驱动产业持续创新发展；当驱动力弱于阻力时，产业创新能力形成的动力则减弱，进而阻碍产业创新能力的形成，最终影响产业持续创新发展[352]。战略性新兴产业创新能力形成的驱动因素和阻碍因素既有来自产业内部的，也有来自产业外部的。因此，战略性新兴产业创新能力形成的驱动力可分为产业内部驱动力和产业外部驱动力，阻力可分为产业内部阻力和产业外部阻力。

6.3.1　战略性新兴产业创新能力形成的驱动力

驱动力的作用在于激发战略性新兴产业创新主体的创新决策以及推动创新主体进行创新投入，最终促进战略性新兴产业创新发展。在借鉴李朝霞[360]相关研究的基础上，本书认为战略性新兴产业创新发展驱动力形成过程是创新驱动源与信息源(如企业家、R&D人员、各种博览会或洽谈会、研究机构、大学、中介机构以及相关产业主体之间的合作等)交互作用的动态过程，其过程如图 6-1 所示。

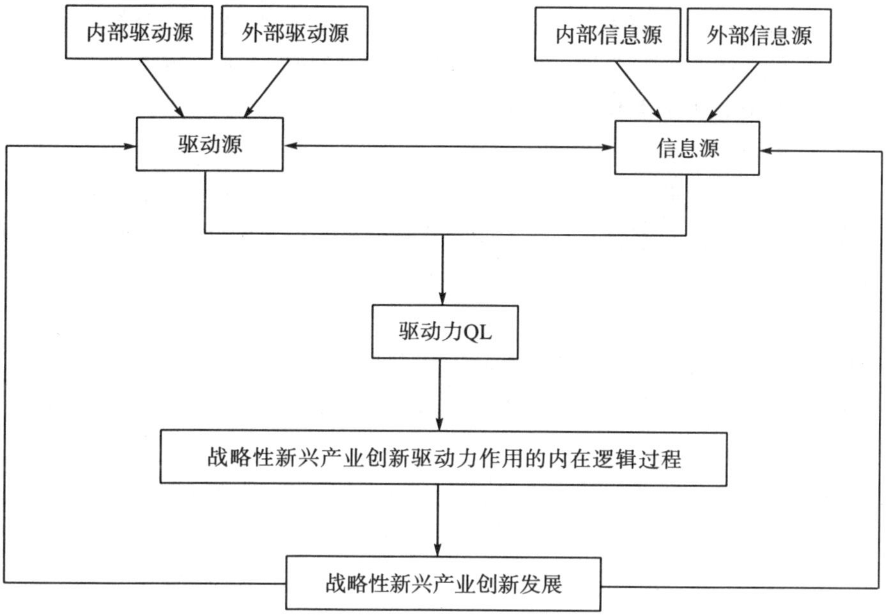

图 6-1　战略性新兴产业创新发展驱动力形成过程

1. 战略性新兴产业创新能力形成的内部驱动力[361]

内部驱动力是驱使战略性新兴产业创新能力形成的内部因素。根据战略性新兴产业创新能力的内部影响因素，本书认为战略性新兴产业创新能力形成的内部驱动力包括创新收益、创新文化、企业创新能力、企业核心价值观、企业家精神、企业 R&D 投入和创新成果推动。

1)创新收益

追逐创新收益的最大化是企业的根本目标，也是战略性新兴产业创新能力形成的基本出发点，在产业创新全过程中发挥着重要作用。产业创新主体要想获取长期的垄断利润和占据行业主导地位，只有不断创新。利益驱动是企业创新的主要内在动力，起着主导作用，能够激发产业各竞争主体创新，加快推进产业创新的进程，促进战略性新兴产业形成更强的创新能力。

2)创新文化

创新文化是产业各创新主体在长期互动成长过程中形成的，能持续激发产业企业创新思想和创新行为的产生。创新文化是产业先进文化的代表，是产业创新的内在核心动力。如，美国硅谷高科技产业，几乎每个人都具有勇于冒险、不怕失败的精神，这构成硅谷的创新文化，正是这种创新文化，促使硅谷高科技产业持续创新。

3) 企业创新能力

企业创新能力直接关系到创新活动的成效，是企业获取创新收益的保障。在开放式创新环境下，产业创新主体只有不断提高创新能力，尤其是提高对外部技术消化吸收的再创新能力，才能保障开放创新活动的有效性，从而保持产业创新主体持续的创新动力。

4) 企业核心价值观

企业核心价值观是企业家和员工对企业经营活动和行为是否具有核心价值以及核心价值大小的评价和总体看法，其指引着企业创新能力形成的方向，对企业创新能力形成的质量、如何形成等起着决定性作用[352]。

5) 企业家精神

企业家不仅影响着企业核心价值观的产生，同时也决定了企业创新只能由企业家自身承担；企业创新能力是企业家精神的体现，体现了企业家的冒险、进取精神，企业家精神通过企业家自身驱动了企业创新能力的形成和提升[352]。

6) 企业 R&D 投入

企业 R&D 投入是企业开展研发创新活动时所投入的资本与劳动(研发资金投入和研发人员投入)，是战略性新兴产业创新能力形成的核心内部驱动力[69]。

7) 创新成果推动

一方面创新者对创新成果拥有的满足感，能最大限度地促进创新活动的持续进行；另一方面创新成果的不断推广和应用，必将启发产业内其他创新者的思维，使之在产业创新网络中不断优化与迭代，进而推动战略性新兴产业创新活动的开展[362]。

2. 战略性新兴产业创新能力形成的外部驱动力[361]

外部驱动力是驱使战略性新兴产业创新能力形成的外部因素。根据战略性新兴产业创新能力的外部影响因素，本研究认为战略性新兴产业创新能力形成的外部驱动力包括市场需求、外部技术、金融支持、外部竞争和政府政策。

1) 市场需求

市场需求是战略性新兴产业创新能力形成的基本驱动力，其变化可以给战略性新兴产业发展带来机会和创新的压力，是引发创新投入的直接原因。产业创新成果的独占性会不断促进市场需求结构的调整和整合，并能够引导消费观念的变革，创造潜在消费需求，激发出更多的市场需求[356]。产业创新主体应密切关注产业内外客户需求的变化，并做出积极的响应。为适应变化的市场和满足客户的需求，产业创新主体只有突破产业边界，与产业外各种创新主体建立广泛联系，从外部获取创新资源并进行整合，创造出更符合用户需要的产品和服务[363]。

2) 外部技术

外部技术是战略性新兴产业创新能力形成的外在直接推动力。随着科学技术的日新月异和客户需求的不断变化，产业技术的生命周期也在不断缩短，产业创新主体很难靠原有的技术获取持续竞争优势。面对产业外新技术的飞速发展，产业原有的封闭式创新不能为顾客创造更多的价值。产业创新主体只有跨越产业边界、获取外部最新技术并进行再创新，才能在产业内外实现技术的商业价值。

3) 金融支持

金融支持是战略性新兴产业创新能力形成的最直接的外部驱动力。战略性新兴产业创新能力形成过程是一个充满风险的过程，整个过程需要大量的资金，离不开相关的金融支持。产业企业可以通过直接融资(企业债券、股权融资等或者间接融资如银行贷款、信托计划等方式)，也可通过政府财政支持(无偿拨款、风险补偿等方式)促进产业创新能力形成[352]。

4) 外部竞争

竞争是市场经济的客观规律，是保持产业组织活力的源泉。随着经济全球化的日益深入，国际竞争日趋激烈，不同地区或国家之间产业竞争不断加剧。国内外产业之间由于竞争而形成压力，加上市场需求瞬息万变，从而迫使产业创新主体加快创新，在产业层次和产业能力上进行突破，从低附加值产业向高附加值产业迈进，从产业低端向产业高端升级，最终形成产业创新主体和产业整体的新竞争优势。

5) 政府政策

政府政策是政府合理介入产业创新过程、优化配置产业创新资源和有效保护产业创新成果的最重要的手段之一[364]。政府政策为战略性新兴产业创新能力的形成提供了引导性方向和新思路，是战略性新兴产业创新能力形成的外在间接推动力。战略性新兴产业研发创新过程中存在风险性，导致很多企业不愿加大 R&D 投入。战略性新兴产业创新不能仅靠市场作用和产业创新主体推进，还必须通过政府强有力的引导和直接政策作用才能够实现。政府为促进战略性新兴产业的创新发展，通常会采取一系列鼓励创新的措施，增强企业创新意识、加大创新投入。政府主要通过政策手段对产业创新进行影响，目的在于引导和激励产业创新行为。政府政策主要包括优惠政策和扶植政策两方面：优惠政策涉及税收、贷款等优惠，如对科研设备实行加速折旧政策、鼓励技术转让；扶植政策主要体现在加大对实施开放式创新的企业的投入，从而激发产业创新主体的动力。

6.3.2　战略性新兴产业创新能力形成的阻力

在借鉴李朝霞[360]相关研究的基础上，本书认为战略性新兴产业创新发展的阻力形成过程是阻力源与信息不对称源(如企业内部各部门之间、供应商与客户之间、竞争对手之间、企业与地方政府机构之间、企业与中介机构之间、企业与社会公众之间、产业与外部研究机构之间、产业企业与关联产业企业之间等)交互作用的动态过程，其过程如图 6-2 所示。

1. 战略性新兴产业创新能力形成的内部阻力

内部阻力是影响战略性新兴产业创新能力形成的内部因素。内部阻力主要包括企业家心智模式趋同、企业员工抵制行为、企业组织惰性、创新人才缺乏、产业内企业之间不协调、产业知识共享激励机制缺乏、产业企业长期本地化学习。

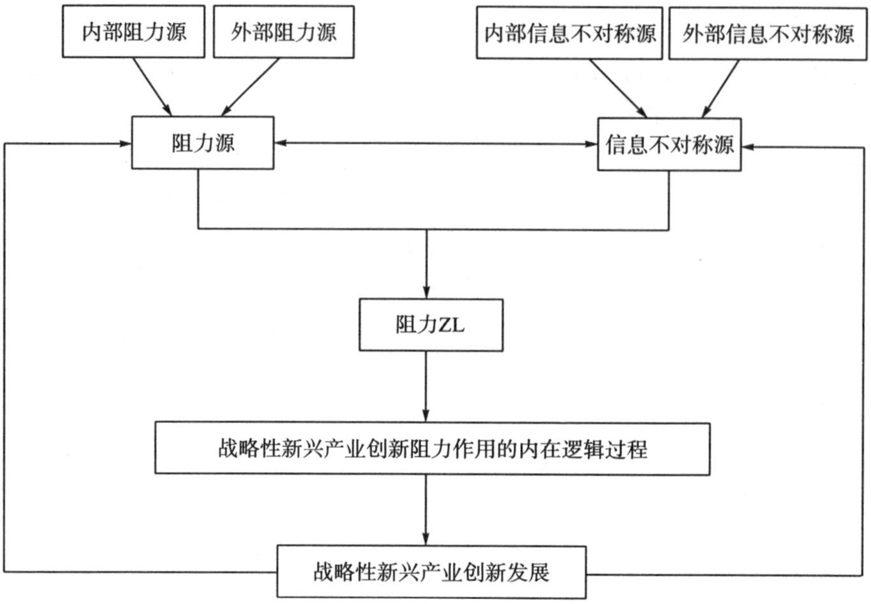

图 6-2 战略性新兴产业创新发展阻力形成过程

1) 企业家心智模式趋同性

企业家心智模式是影响企业家创新的一个重要因素，进而影响产业持续创新。企业家心智模式的趋同性严重地制约着战略新新兴产业创新能力的形成。

2) 企业员工抵制行为

在企业创新变革发展过程中，涉及不同层面员工的利益，通常会改变企业内部资源配置的现状，员工可能会担心个人既得利益的丧失，从而产生对企业创新变革的抵制行为，进而影响企业创新变革的实施。

3) 企业组织惰性

组织惰性的产生主要来源于组织惯例，组织惯例主要表现为由隐性知识组成的组织记忆、组织文化和技巧，易产生知识的路径依赖性，因而思维习惯与行为方式难以在企业创新发展中改变，从而影响企业创新能力的形成[365]。

4) 创新人才的缺乏

战略性新兴产业企业面临人才匮乏的困局，尤其缺乏引领企业取得关键性技术突破或者将新兴科技成果产业化的“领军人才”，从而导致产业创新缺乏前瞻性和引领性，最终影响战略性新兴产业创新能力的形成。

5) 产业内企业之间不协调

垂直方向，如上游供应商与生产商之间的不协调而导致产品质量问题，生产商与高级客户缺乏沟通从而导致产品的市场竞争力变弱；水平方向，竞争对手之间为了赢得市场份额，通常打价格战，形成恶性低成本竞争，从而严重阻碍了战略性新兴产业的创新发展[366]。

6) 产业知识共享激励机制缺乏

战略性新兴产业龙头企业一般扮演着产业“学习代理人”的角色。如何激励龙头企业从外部学习新知识或进行自主创新，并将所获取的知识在产业内扩散是战略性新兴产业面临的一大难题。

7) 产业企业长期本地化学习

战略性新兴产业企业长期的本地化学习可能会导致整个产业技术轨道被锁定，从而不能快速响应外部“混乱”的技术环境和市场环境。

2. 战略性新兴产业创新能力形成的外部阻力

外部阻力是影响战略性新兴产业创新能力形成的外部因素。外部阻力主要包括政府寻租行为、利用全球科技资源的政策与环境不完善、融资瓶颈、市场化瓶颈和产业协同缺乏。

1) 政府寻租行为的产生

政府对重要资源拥有分配权，容易诱发寻租行为的产生。通常，企业会付出更多的寻租成本来寻求更多的政治关联，从而减少用于技术创新的资源，最终抑制战略性新兴企业技术创新能力的形成和提升[54]。

2) 利用全球科技资源的政策与环境不完善

对外研发投资政策不完善，尤其是对外投资管理体制、法律体系和服务措施滞后，会阻碍企业对全球创新资源的整合，最终影响战略性新兴产业开放式创新能力的形成。

3) 融资瓶颈

战略性新兴产业是典型的资本密集型产业，新技术的研究与开发、已有研究成果的产业化都需要强有力的金融支持。金融创新支持滞后、融资难、资金缺乏对新兴技术的产业化产生阻碍作用，进而降低企业投入战略性新兴产业发展的热情，融资渠道不畅成为制约战略性新兴产业发展的重要瓶颈[367]。

4) 市场化瓶颈

在市场导入期，战略性新兴产业由于产品研发和生产成本高、对服务设施要求高、消费者对产品的不信任、消费者的消费偏好和消费心理等可能导致面临市场化瓶颈，从而阻碍战略性新兴企业创新发展。

5) 产业协同缺乏

战略性新兴产业的发展离不开生产性服务业的支持。生产性服务业发展不充分，不能有效协同战略性新兴产业发展。战略性新兴产业与上游相关产业协同不顺畅，存在产业发展的梗阻现象[367]，最终阻碍战略性新兴产业协同创新发展。

6.4　战略性新兴产业创新能力形成的力场分析

战略性新兴产业创新能力的形成是多力共同作用的结果。根据物理学中关于合力量值大小的原理，几个共点力作用于同一物体，其量值不仅与各个作用力量值的大小相关，而且与作用力的方向性有关，同向作用力相加，反向作用力相减，最后可得到战略性新兴产业创新能力形成的动力。根据前述关于战略性新兴产业创新能力形成的驱动力和阻力的分析，本书构建了战略性新兴产业创新能力形成的“力场模型”[366]，如图 6-3 所示。

在图 6-3 中，当驱动力 QL 的量值大于阻力 ZL 的量值，则表明战略性新兴产业创新能力正在形成，产业处于持续创新状态；当驱动力 QL 的量值小于阻力 ZL 的量值，则表明战略性新兴产业创新能力未形成或正在减弱，产业创新处于停滞状态或减弱状态。

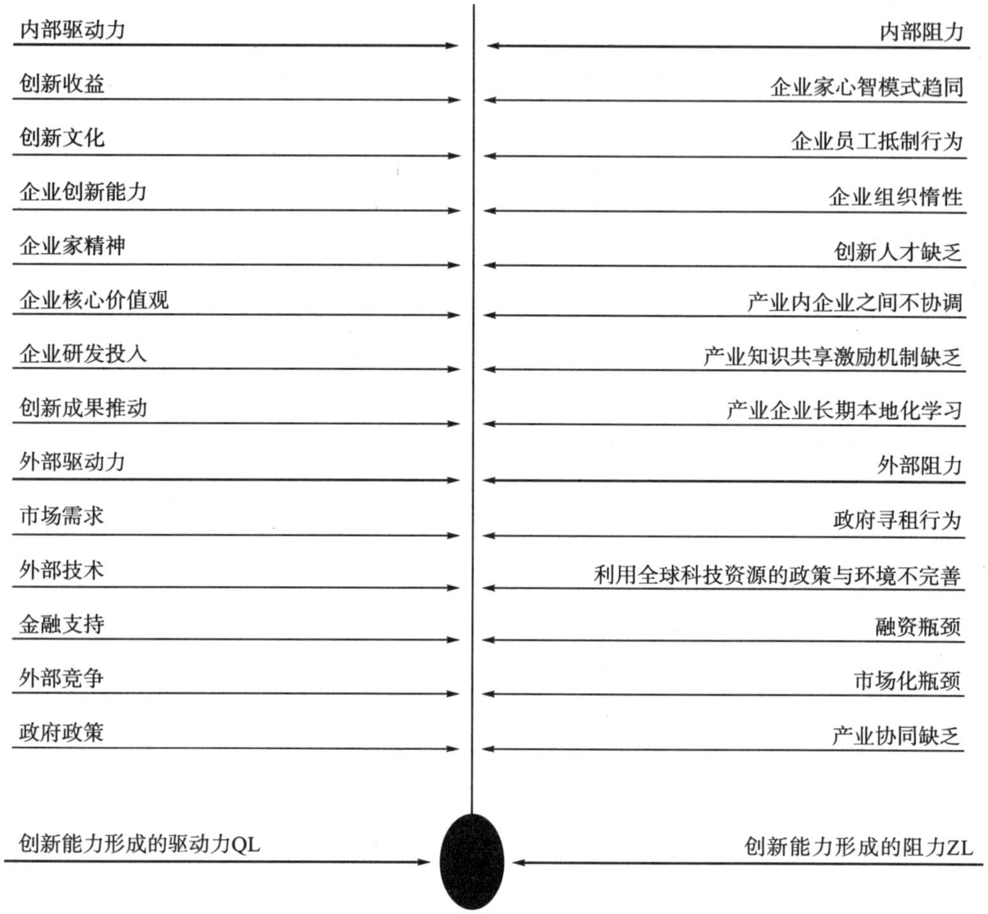

图 6-3 战略性新兴产业创新能力形成的“力场模型”

6.5 本章小结

本章首先基于自组织理论，分析了开放式创新环境下战略性新兴产业创新能力形成的自组织特性，认为开放性是战略性新兴产业创新能力形成的前提，涨落是战略性新兴产业创新能力形成的诱因，非线性相互作用是战略性新兴产业创新能力形成的驱动力。其次，从驱动力和阻力两个方面探讨了战略性新兴产业创新能力形成的动力，认为战略性新兴产业创新能力形成的过程，既有创新的驱动因素，也有创新的阻碍因素，两种因素分别产生的力量的合力构成了战略性新兴产业创新能力形成的动力。最后，构建了战略性新兴产业创新能力形成的“力场模型”。

第 7 章　开放式创新环境下战略性新兴产业创新能力的评价

7.1　产业创新能力评价指标体系的设计

7.1.1　评价指标体系设计的基本原则

1. 科学性原则

战略性新兴产业创新能力是一个复杂的能力系统，涉及很多影响因素。因此，需要科学规范地对各影响因素进行抽象概括，选取最具有代表性的因素指标进行评价。

2. 系统性原则

战略性新兴产业创新能力评价指标体系应该能够综合反映产业的创新能力。因此，除了考虑各评价指标本身之外，还应考虑各指标之间的相互作用与相互关系，从而更好地对创新能力做出综合评价。

3. 可行性原则

对战略性新兴产业创新能力评价时需要大量的数据，各指标所需要的数据要具有易获取性和易操作性。因此指标体系的设计要做到指标数量适中、避免指标之间的交叉重复。

4. 定量与定性相结合的原则

战略性新兴产业创新能力的评价问题比较复杂，许多因素不能量化，要根据实际情况将定量与定性分析相结合。

5. 整体兼顾过程原则

战略性新兴产业创新是在研发—应用—市场化反复循环的过程中发生的，每个步骤和谐的配合才能够实现战略性新兴产业创新能力的提高。因此，评价战略性新兴产业创新能力的落脚点应是创新能力形成的整个过程，既涵盖战略性新兴产业创新的整体，又兼顾了创新过程。

6. 全面性与重点性相结合的原则

对战略性新兴产业创新能力进行评价时要尽量做到能够全面、系统地展现战略性新兴产业创新能力的全貌。在设计评价指标体系的同时要尽可能地突出重点，表现出侧重反映战略性新兴产业创新能力的某些要素，有助于体现制定政策的引导作用，促进战略性新兴产业创新能力的提升。

7.1.2 评价指标体系的设计

战略性新兴产业创新能力评价指标体系包括一级指标和二级指标，其设计主要针对二级指标进行设计。基于战略性新兴产业创新能力的构成要素以及参考前述已有文献关于创新能力评价指标体系相关研究成果的基础上，本书设计了开放式创新环境下战略性新兴产业创新能力评价指标体系，包括投入能力、吸收能力、转化能力、产出能力和支撑能力等5个一级指标。其中，投入能力采用R&D经费支出、投入强度、项目数、科技经费支出总额、新产品开发项目数以及经费支出等指标衡量；吸收能力采用技术引进经费、消化吸收经费和技术改造经费等指标衡量；转化能力采用R&D成果转化数量、转化率、增长率、投资收益、投资收益率等指标衡量；产出能力采用新产品产值、销售收入、销售利润以及专利申请数和拥有数等指标衡量；支撑能力采用政府资金对产业科技活动的贡献度、金融贷款对产业科技活动的贡献度和企业研发中心数量占企业数量的比重等指标衡量。战略性新兴产业创新能力评价指标体系，具体见表7.1。

表7.1 战略性新兴产业创新能力评价指标体系

	一级指标	二级指标
战略性新兴产业创新能力评价	投入能力	R&D经费总支出
		R&D投入强度
		R&D项目数
		科技经费支出总额
		新产品开发项目数
		新产品开发经费支出
	吸收能力	技术引进经费
		消化吸收经费
		技术改造经费
	转化能力	R&D成果转化数量
		R&D成果转化率
		R&D成果转化增长率
		R&D成果转化投资收益
		R&D成果转化投资收益率
	产出能力	新产品产值
		新产品销售收入
		新产品销售利润
		专利申请数
		拥有有效专利数
	支撑能力	政府资金对产业科技活动的贡献度
		金融贷款对产业科技活动的贡献度
		企业研发中心数量占企业数量的比重

7.2　产业创新能力评价模型的构建

7.2.1　评价方法的选择

按照指标权重产生方式的不同，评价方法可分为主观赋权评价法和客观赋权评价法。主观赋权评价法由专家根据经验和指标重要程度进行主观判断而得到权重大小，如模糊综合评判法、层次分析法等；客观赋权评价法根据指标之间的关联关系或各项指标的变异系数来确定权重大小，如灰色关联度分析法、主成分分析法等[368]，两类评价方法的比较如表 7.2 所示。

表 7.2　评价方法比较

评价方法	代表人物	类别	方法简介
模糊综合评判法	萨德(L. A. Sade)，1965 年	主观赋权评价法	该方法应用模糊关系合成原理进行评价
层次分析法	萨迪(T. L. Saaty)，1970 年	主观赋权评价法	该方法是一种定性和定量相结合的方法
灰色关联度分析法	邓聚龙，1982 年	客观赋权评价法	该方法利用既有数据进行预测或决策
主成分分析法	卡尔(Karl)和皮尔逊(Pearson)，1901 年	客观赋权评价法	该方法是一种多元统计分析方法

关于产业创新能力评价方法的选择方面，主要集中在主成分分析法、因子分析法、层次分析法，也有学者采用了模糊综合评判法、熵值法、变异系数和灰色关联度分析法。战略性新兴产业创新能力由多要素构成，对其评价涉及很多模糊性因素。模糊综合评判法能较好地解决该类多因素模糊评价问题。因此，本书基于模糊综合评判法构建了战略性新兴产业创新能力评价模型。

7.2.2　评价模型的构建

1. 确定因素集

设定因素集为 U，$U=\{U_1, U_2, U_3, U_4, U_5\}$。

U 代表战略性新兴产业创新能力，U={投入能力，吸收能力，转化能力，产出能力，支撑能力}。

U_1 代表投入能力，U_1={R&D 经费总支出，R&D 投入强度，R&D 项目数，科技经费支出总额，新产品开发项目数，新产品开发经费支出}。

U_2 代表吸收能力，U_2={技术引进经费，消化吸收经费，技术改造经费}。

U_3 代表转化能力，U_3={R&D 成果转化数量，R&D 成果转化率，R&D 成果转化增长率，R&D 成果转化投资收益，R&D 成果转化投资收益率}。

U_4 代表产出能力，U_4={新产品产值，新产品销售收入，新产品销售利润，专利申请数，拥有有效专利数}。

U_5代表支撑能力，U_5={政府资金对产业科技活动的贡献度，金融贷款对产业科技活动的贡献度，企业研发中心数量占企业数量的比重}。

2. 确定评语集

设定评语集为V，V={强，较强，一般，弱，较弱}。其中，每一个等级可对应一个模糊子集。本书将战略性新兴产业创新能力等级划分为强、较强、一般、弱、较弱。

3. 确定权重集

设定A为投入能力、吸收能力、转化能力、产出能力和支撑能力各一级指标权重的集合，A_1、A_2、A_3、A_4、A_5分别为隶属投入能力、吸收能力、转化能力、产出能力和支撑能力各二级指标权重的集合，各级权重集合采用如下形式表示：

$$A=\{a_1,a_2,a_3,a_4,a_5\}$$
$$A_1=\{a_{11},a_{12},a_{13},a_{14},a_{15},\mathrm{a}_{16}\}$$
$$A_2=\{a_{21},a_{22},a_{23}\}$$
$$A_3=\{a_{31},a_{32},a_{33},a_{34},a_{35}\}$$
$$A_4=\{a_{41},a_{42},a_{43},a_{44},a_{45}\}$$
$$A_5=\{a_{51},a_{52},a_{53}\}$$

本书采用层次分析法确定各指标的权重，具体思路为：首先，基于1-9标度方法设计“战略性新兴产业创新能力评价指标体系权重调查表”(附录1)；然后，邀请相关专家学者(通常10位)对各一级指标之间和各二级指标之间相对重要程度进行打分；最后，计算平均值，从而得到各级评价指标的权重。

4. 建立模糊评价矩阵

首先，设计“战略性新兴产业创新能力模糊隶属度调查表”(附录2)；然后，采用专家调查法，邀请战略性新兴产业领域相关专家(通常10位)进行评价来建立模糊评价矩阵。针对投入能力、吸收能力、转化能力、产出能力和支撑能力所属各二级指标相对于评语集V，设定U_i（i=1，2，3，4，5)的单因素模糊评价矩阵为$\boldsymbol{R}_i$（i=1，2，3，4，5)，所构建的模糊评价矩阵如下：

$$\boldsymbol{R}_1=\begin{bmatrix} r_{111} & r_{112} & r_{113} & r_{114} & r_{115}\\ r_{121} & r_{122} & r_{123} & r_{124} & r_{125}\\ r_{131} & r_{132} & r_{133} & r_{134} & r_{135}\\ r_{141} & r_{142} & r_{143} & r_{144} & r_{145}\\ r_{151} & r_{152} & r_{153} & r_{154} & r_{155}\\ r_{161} & r_{162} & r_{163} & r_{164} & r_{165} \end{bmatrix}$$

$$\boldsymbol{R}_2=\begin{bmatrix} r_{211} & r_{212} & r_{213} & r_{214} & r_{215}\\ r_{221} & r_{222} & r_{223} & r_{224} & r_{225}\\ r_{231} & r_{232} & r_{233} & r_{234} & r_{235} \end{bmatrix}$$

$$R_3=\begin{bmatrix} r_{311} & r_{312} & r_{313} & r_{314} & r_{315} \\ r_{321} & r_{322} & r_{323} & r_{324} & r_{325} \\ r_{331} & r_{332} & r_{333} & r_{334} & r_{335} \\ r_{341} & r_{342} & r_{343} & r_{344} & r_{345} \\ r_{351} & r_{352} & r_{353} & r_{354} & r_{355} \end{bmatrix}$$

$$R_4=\begin{bmatrix} r_{411} & r_{412} & r_{413} & r_{414} & r_{415} \\ r_{421} & r_{422} & r_{423} & r_{424} & r_{425} \\ r_{431} & r_{432} & r_{433} & r_{434} & r_{435} \\ r_{441} & r_{442} & r_{443} & r_{444} & r_{445} \\ r_{451} & r_{452} & r_{453} & r_{454} & r_{455} \end{bmatrix}$$

5. 构建一级综合评价模型

将战略性新兴产业创新能力各一级指标所属二级指标的权重矩阵 $\boldsymbol{A}_i$（$i=1$，2，3，4，5）分别与 $\boldsymbol{R}_i$（$i=1$，2，3，4，5）相乘，从而得到战略性新兴产业创新能力一级综合评价模型 $\boldsymbol{B}_i$，即 $\boldsymbol{B}_i=\boldsymbol{A}_i\cdot\boldsymbol{R}_i=(b_{i1},a_{i2},\cdots,a_{ij})$（$i=1$，2，3，4，5；$j=1$，2，3，4，5）。

6. 构建二级综合评价模型

设定战略性新兴产业创新能力 U 的单因素模糊评价矩阵为 $\boldsymbol{R}$，根据一级综合评价模型 $\boldsymbol{B}_i$，则可得到 $\boldsymbol{R}$，即：

$$\boldsymbol{R}=\begin{bmatrix} \boldsymbol{B}_1 \\ \boldsymbol{B}_2 \\ \boldsymbol{B}_3 \\ \boldsymbol{B}_4 \\ \boldsymbol{B}_5 \end{bmatrix}=\begin{bmatrix} b_{11} & b_{12} & b_{13} & b_{14} & b_{15} \\ b_{21} & b_{22} & b_{23} & b_{24} & b_{25} \\ b_{31} & b_{32} & b_{33} & b_{34} & b_{35} \\ b_{41} & b_{42} & b_{43} & b_{44} & b_{45} \\ b_{51} & b_{52} & b_{53} & b_{54} & b_{55} \end{bmatrix}$$

将战略性新兴产业创新能力一级指标权重矩阵 $\boldsymbol{A}$ 与模糊评价矩阵 $\boldsymbol{R}$ 相乘，从而可得到二级综合评价模型 $\boldsymbol{B}$，即 $\boldsymbol{B}=\boldsymbol{A}\cdot\boldsymbol{R}$，即：

$$\boldsymbol{B}=[a_1,a_2,a_3,a_4,a_5]\begin{bmatrix} b_{11} & b_{12} & b_{13} & b_{14} & b_{15} \\ b_{21} & b_{22} & b_{23} & b_{24} & b_{25} \\ b_{31} & b_{32} & b_{33} & b_{34} & b_{35} \\ b_{41} & b_{42} & b_{43} & b_{44} & b_{45} \\ b_{51} & b_{52} & b_{53} & b_{54} & b_{55} \end{bmatrix}$$

在实际评价过程中，通过应用所构建的二级综合评价模型，基于最大隶属度原则最终可得到战略性新兴产业创新能力的综合评价情况。

7.3 产业创新能力的评价——以成都市高端装备制造业为例

7.3.1 成都市高端装备制造业发展现状

成都市高端装备制造业经过近几年的快速发展，初步形成了以下布局：以青羊区、新都区、简阳市为整机研制主基地，以成都高新区、成都经济技术开发区、双流区、彭州市和金堂县为辐射区，重点发展航空装备，形成“3+X”的布局；以成都高新区为核心发展区，以天府新区、成都经济技术开发区为辐射带，重点发展卫星及应用；以金牛区、新津县、新都区为重点区域，形成金牛轨道交通研发设计总部、新津轨道交通及新材料产业基地、新都轨道交通装备制造基地的“一总部两基地”的布局；以天府新区成都直管区为创新研发核心发展区，以成都高新区、成都经济技术开发区、新都区、简阳市、金堂县、彭州市、蒲江县为辐射带，重点发展智能制造装备，形成“一区多园”的布局[369]。本书重点关注航空航天和轨道交通两大高端装备制造业发展情况。

1. 航空航天①

1) 产业概况

航空航天产业是《成都制造 2025 规划》确定的突出发展的 5 个重点产业之一，航空与燃机产业也是四川省确定的 5 个高端成长型产业之一。成都是国家布局的航空航天产业重点城市，是重要的军机研制基地和国家民用航空高技术产业基地，并被纳入国家首批通用航空产业综合示范区，已形成了涵盖研发、设计、制造、测试、维修等较完整的航空航天装备产业链，拥有扎实的产业基础和广阔的发展空间。未来十年，成都将以军民融合发展、创新驱动发展、对外开放发展为原则，推进军民融合、技术创新、开放合作，整合产、学、研、用、投等优势资源，推动航空航天产业设计、研发、制造、试验、维修等关键核心技术攻关，加快优势产品示范应用和产业化。重点发展喷气公务机、航空发动机、无人机等飞机整机及大部件，培育发展北斗导航、航空电子和航空机载设备，加快发展空管设备、机场管理设备等关联产业，力争到 2025 年全产业链主营业务收入突破 2000 亿元(含军工)，打造特色突出、创新力强、拥有知名品牌的航空航天产业集群，巩固提升成都作为国家航空航天产业重要基地的地位，建设国际知名的中国航空城和国家航天事业战略支撑平台。

成都市具有全国一流的航空航天产业研发能力和一定的产业规模，在整机、机载设备的设计、开发、试验和生产方面居全国领先地位，航空产业发展的综合实力位居全国前列。成都航空航天产业规模位居全国第四，具有较强的航空科研实力和产业基础。目前已构建起以中航工业成都飞机设计研究所、中电科航空电子、中航成都发动机公司等一批从设计、研发到生产制造，从运营、维修到人才培训，从核心构造件到整机总装的航空与燃机全产业链体系。

① 资料来源：《成都市航空航天产业发展规划(2016—2020 年)》。

当前，成都市已初步建立起较完整的航空航天产业体系，具备飞机整机研制能力、航天器批量生产能力和航空航天电子产品研制能力，是我国重要的航空航天产业基地。成都市航空航天企事业单位为国家航空防务、卫星发射、神舟飞船、绕月探测工程和空间实验室等国家重大航空航天工程提供了有力支撑。全市现有航空产业企事业单位 52 户(其中规模以上工业企业 28 户)，从业人员 5 万人，形成涵盖飞机研发、设计、制造、测试和维修的较完整航空产业链。航天产业企事业单位 10 户，从业人员 1.7 万人，主要单位有四川航天技术研究院和成都航天通信设备有限责任公司等。

成都高新区航空装备产业已初步形成“航空电子＋航空零部件＋航空维修及服务”的产业特色，航空设备及系统领域在国内保持领先水平。目前，已聚集了中电科、海特集团、中国民航局第二研究所、普惠艾特、铁姆肯、高龙机械等 40 余家业内龙头企业及科研院所，奠定了成都高新区航空装备产业发展的坚实基础。作为我国西部首个国家自主创新示范区，成都高新区是四川发展通用航空产业的重要产业化载体。“成都高新造”在国产大飞机领域已不是新鲜事，同样被誉为“中国大飞机三剑客”(运-20、C919 和鲲龙-600)的 C919 身上的通信导航系统以及客舱娱乐系统都为成都高新制造。在民用航空机载设备及系统(航电设备及系统、机电设备及系统)、机载任务设备及系统、空中交通管制设备及系统、地面支持设备及系统四大细分领域，成都高新区已拥有国内领先的技术实力和企业规模。此外，在航空维修领域，成都高新区已聚集了海特高新、亚美动力、四川奥特、华太航空等实力突出的企业，业务覆盖航电设备维修、航空发动机及航空附件维修等领域。依托中航工业成都飞机设计研究所在国内无人机领域的竞争力和成都高新区在新一代信息技术产业上的技术优势，成都高新区已聚集了成都空天、汉科计算机、纵横科技、前沿动力等一批无人机关联企业，涉及无人机整机研发制造、飞行控制系统、配套运营服务等领域。

2018 年，成都大力推动引进整机制造项目，争取大飞机整机制造、服务、销售中心落户成都，以新都区石板滩镇航空产业园为基地，带动配套企业，瞄准产业体系化，打造成都航空产业新“增量”。目前该园区正按“小核心、大协作”思路，聚焦大型发动机、中小通用发动机、无人机发动机三大领域，推进“航空发动机+整机制造+配套产业+衍生产业”的航空产业链发展，构建军民深度融合、特色优势突出的航空产业生态圈。按照规划，预计到 2025 年，将实现年产值规模 300 亿元。

2)布局情况

从产业布局看，四川具有完整的飞机总体设计研究所和飞机总装制造企业，还有航空发动机、航空仪表与电子及机载设备维修等诸多企业，是全国航空工业配套最齐全的省份，拥有市场化运作的军机国际合作研制和民用飞机转包生产方面的条件和经验。

根据航空航天产业特点，依托现有产业基础，以青羊区为核心区，高新区、龙泉驿区、新都区、双流区、彭州市和金堂县为辐射带的发展布局。在青羊区布局飞机整机、飞机大部件、飞机改装和机载设备研发制造，双流区布局中小推力航空发动机研制、航空维修和运营服务，成都高新区布局无人机、航电设备、航空零部件和北斗导航设备研发制造，新都区布局航空发动机和燃气轮机系统研发制造，彭州市布局航空发动机维修与再制造、增材制造(3D 打印)示范应用，金堂县布局通用航空制造、运营及服务，龙泉驿区布局航天设备研发制造。

3）重点领域

成都市航空制造业产业链较为完整，按照产品(服务)门类，分为飞机整机、航空发动机整机、航空大部件、航空机载和航电设备、航空维修等几个领域。

飞机整机研制领域，成都市研发设计、制造能力均达到国内领先水平。中航工业成都飞机设计研究所在飞行器设计关键技术领域及相关设备研发方面达到国际先进水平，具备飞机整机研制能力。成飞工业公司军机生产保持全国领先水平，在飞机结构制造、大型零部件成型、复材加工、数控高精度加工和总装等方面能力国内领先。此外，还涌现出一批在无人机研发设计、生产、总装等方面技术能力突出的中小企业。

航空发动机领域，成都市是国家重点布局的航空发动机制造基地。中国燃气涡轮研究院从事先进航空动力技术预先研究、产品研制开发和整机鉴定试验，是我国航空发动机自主研发体系的核心；成发航空公司作为国家大型涡扇发动机科研、制造企业，具备航空发动机研制生产所需的成套能力，建立起适应国际航空发动机制造的完整体系，在设计、研发、技术、管理等方面积累了丰富的国际合作经验；成都航宇公司引进中国科学院工程热物理研究所人才和技术，正加快形成中小推力航空发动机研制能力。

航空大部件领域，成都市是国内民品转包重要基地。成飞民机公司是中国商飞、空客、波音等国际知名航空企业的部件供应商，是国产大飞机机头的唯一定点生产企业，中航工业专业生产机头、前机身、舱门和活动翼面的重要企业。成发航空公司在机匣、钣金、叶片等航空发动机关键零部件加工制造方面具有技术优势，是美国通用电气、普惠以及英国罗罗等公司指定供应商。

航空机载设备和航电设备领域，成都市是飞行器大气数据系统、通信导航等航电设备国内重要制造基地。中国电子科技集团公司第十、第二十九、第三十研究所和成都凯天公司等军工单位研制能力达到国内领先水平，中电科航空电子公司承担研制C919客机的通信、导航和机舱娱乐系统任务，中国民航局第二研究所和川大智胜等单位自主研制导航系统具有较高的市场占有率。

航空维修领域，5719厂和5701厂分别是军用航空发动机和军用直升机维修的主体企业，技术水平和装备能力在亚洲实力最强。海特高新、国航维修等维修企业在飞机整机、航空发动机、导航、雷达、通信和仪表电器系统维修能力国内领先。

北斗导航领域，成都市在北斗导航领域具有一定产业基础，拥有以振芯科技、天奥电子、九洲成都、航天科工七院等为代表的企业单位，以及中国电子科技集团公司第十、第二十九、第三十研究所等科研院所，初步发展形成北斗产业体系，在军事电子应用领域处于国内领先水平，在民用市场方面建成GPS兼容北斗的基准站近100个。

航天器关键部件领域，以航天科工七院为龙头企业，成都市正加快构建航天综合性环境可靠性试验与检测能力，规划建设西南地区卫星应用产业化基地和航天应用技术产业化基地，推进航天技术应用产业，加快航天服务业重大项目市场化、规模化、产业化发展步伐，打造新的经济增长点。

2. 轨道交通[①]

1) 产业概况

轨道交通是“中国制造 2025”重点发展产业，是四川省重点培育发展的战略性新兴产业，是成都市加快发展的优势产业。成都轨道交通产业起步早、基础牢，拥有较为完备的产业体系、坚实的研发基础、优越的区位条件。成都市在机车车辆与轨道交通产业方面具有得天独厚的优势，汇集了西南交通大学、中铁西南铁道科学研究院有限公司等 10 多家与轨道交通相关的科研院所和企事业单位，有国内唯一的“国家轨道交通电气化与自动化工程技术研究中心”、“牵引动力国家重点实验室”及“轨道交通国家实验室(筹)”等重点科研机构。打造世界轨道交通之都，是成都建设全面体现新发展理念的国家中心城市、冲刺世界城市的内在要求和必然选择，同时，成都也具备打造世界轨道交通之都的条件和实力。

(1) 成都打造世界轨道交通之都正当其时。

一是国内外轨道交通产业正处于跨越发展的“黄金期”。目前，全球轨道交通装备市场稳步增长，未来 5～10 年，仅“一带一路”沿线国家和地区，轨道交通市场规模将高达数千亿美元。同时，国内轨道交通产业规模不断扩大，“十三五”期间，国内将新增铁路约 3 万公里，预计 2020 年全国轨道交通装备制造年产值将达 9000 亿元，四川省和成都市轨道交通装备制造年产值将分别达 800 亿元和 500 亿元。由此可见，今后较长一段时期，国内外轨道交通装备制造市场非常巨大，并呈现出强劲的增长态势。

二是国家战略的实施为成都打造世界轨道交通之都带来了前所未有的机遇。“一带一路”建设改变了成都的地理区位劣势，成都从内陆腹地变为面向欧洲的开放前沿，也成为连通欧洲和“一带一路”沿线轨道交通装备制造市场的重要节点。供给侧结构性改革的深入推进，加快了产学研用的转化溢出，把成都轨道交通产业的转型升级推上了快车道。国家高铁、西部大开发战略的深入实施，掀起了新一轮轨道交通建设的热潮，动车、城轨建设将呈现爆发式增长，新制式装备的需求将不断涌现和逐步扩大。同时，轨道交通产业是《中国制造 2025》发展规划中十大重点发展领域之一，也是四川省确立的“双七双五”重点发展产业之一。这些机遇和条件，为成都打造世界轨道交通之都创造了得天独厚的政策环境和市场前景。

(2) 成都打造世界轨道交通之都有底气、有优势、有实力。

成都的底气和基础：成都正加快建设国家中心城市，迈向全球城市体系的第二层级，“五中心一枢纽”功能不断增强，已初步形成“一校一总部两基地”的轨道交通产业发展格局。近几年，成都轨道交通产业加速发展，产值利润不断攀升，2016 年全市轨道交通产业全产业收入 960 亿元，同比增长 10.5%。成都内部市场坚实，轨道交通加速成网建设计划加快实施，2016 年投资额位居全国第一，到 2020 年运营及在建里程预计达到 780 公里。

成都的优势和实力：一是产业链体系完备。全市从事轨道交通产业科技研发、勘察设

① 资料来源：《成都市轨道交通产业发展规划(2016—2020 年)》。

计、工程建设、装备制造和运营维护等领域的企事业单位众多，基本覆盖产业链的上、中、下游，具有面向全产业链系统集成方向发展的巨大优势，是全国轨道交通产业链最齐备的聚集地。二是技术研发国际领先。云集了西南交通大学、电子科技大学、中铁二院工程公司、中铁科学研究院公司等行业领先的科研教育机构和企业，拥有国家轨道交通电气化与工程技术研究中心、牵引动力国家重点实验室、陆地交通地质灾害防治技术国家工程实验室等知名国家级科技创新平台和科研基地，以及国内唯一的磁浮技术与磁浮列车教育部重点实验室。三是勘察设计能力突出。拥有中铁二院工程公司、中铁科学研究院公司等多家勘察设计企业。其中，中铁二院工程公司是中国大型工程综合勘察设计甲级企业，勘察设计收入连续 9 年排名全国第一，承担了全国铁路总运营里程 1/4 的铁路设计，参加了 40 个城市的轨道交通设计；参与了 100 余项海外项目的咨询和建设，2015 年中标俄罗斯高铁项目，是中国高铁技术“海外第一单”。四是工程建设实力雄厚。拥有中铁二局、中铁八局、中铁二十三局等国内施工建设领域的骨干企业。装备制造发展迅速，拥有中车成都公司和新筑路桥公司两家具备整车生产能力的企业，100 多家轨道交通装备制造企业及零配件生产企业(其中规上企业 40 家)。五是运营维护经验丰富。成都铁路局和成都轨交集团具备轨道交通线路、通信信号系统、供电及电力系统、机车车辆动车组等设备的运营维修能力，轨道交通运营管理和安全保障能力全国领先。

2015 年是成都市轨道交通产业发展的起步年。以《成都市轨道交通产业发展规划(2016—2020 年)》正式实施为标志，轨道交通产业重大项目建设、关键项目引进、示范线建设、产业链拓展等重点工作稳步推进。2017 年，成都市轨道交通产业全产业收入超 1200 亿元，轨道交通千亿级产业集群雏形已成，其势已显。预计到 2020 年，成都市轨道交通全产业链产值，将达到 1500 亿。

成都轨道交通产业坚持“市场导向、设计牵引、创新驱动、外引内培、央地联动”原则，以“全产业链、差异化、集群化”发展为思路，重点掌握和深化关键技术、新型制式轨道交通系统成套技术。建设国际一流的轨道交通创新和产业孵化基地、中国西南轨道交通装备出口与服务基地，将成都建设成为轨道交通之都。2022 年，全产业链主营业务收入力争达到 1900 亿元，其中装备制造实现产值 800 亿元；科技研发、勘察设计、工程施工挤进世界先进水平，装备制造、运维检测规模位居全国前列，“五集群”全面协同发展；各产业园区、总部全面建成。

成都轨道交通产业重点发展领域包括三个方面。一是先进轨道交通整车：城际动车、市域快铁、地铁、新型制式轨道交通整车制造，重点研究高速铁路、新型轨道交通系统，重载机车以及高速货运铁路的设计建造维保核心技术、工艺。二是先进轨道交通装备：重点发展配套机电、工程施工、检测养护领域装备和核心部件研发制造。三是新型轨道系统和新材料：新型制式轨道交通系统研发和市场拓展，轨道交通应用技术、工艺适应性研发。

2)产业聚集和空间布局

据统计，成都现有轨道交通规模以上企业 91 户，其中规模以上工业企业 35 户，产业基础良好。作为成都市重点打造的科技含量高、竞争能力强、辐射带动面广、具有话语权的千亿级产业集群，轨道交通产业将是成都实现工业转型倍增的中坚力量。未来 3 到 5 年，这里将集聚 300 家轨道交通高科技企业，汇集 3 万余高端人才，打造成为国家级轨道交通产业创新中心和西部轨道交通硅谷。

按照“功能分区、相对集中、适度错位、组团发展”的思路，不断优化产业链分工、突出核心竞争力，初步形成了“一校一总部两基地”的轨道交通产业空间布局，具备了参与全球分工的能力和实力。

(1)一校——西南交通大学。

尖端学术权威：围绕基础科学和前沿技术，开展基础研究与技术创新，着力提升我国轨道交通原始创新能力，打造世界轨道交通的顶级实验室。

创新转化源头：完善创新创业的服务体系，破除科技成果转化的政策障碍，以科技成果“三权”改革和“混合所有制”改革为突破，打造中国(成都)知识产权自贸区改革试验基地，引领全国知识产权改革方向。

产业人才摇篮：除传统优势学科的人才培养外，重点加强在新型城市轨道交通、智能制造、节能、轨道交通服务业等方面的学科建设和人才积累，打造轨道交通产业国际化人才高地。

(2)一总部——金牛区研发总部。

金牛区作为集中了成都市乃至四川省轨道交通科技研发、勘察设计、工程施工领域90%的高端资源的区域，以环交大智慧城(规划面积 18.76 平方公里)建设和中铁轨道交通高科技产业园为核心，重点鼓励轨道交通相关领域创新创业，大力承接国内外各类轨道交通勘察设计和建造业务，发展新一代智能化运维产品和服务体系，建设国家城市轨道交通技术装备认证中心和具有全球影响力的轨道交通技术培训中心，打造世界级轨道交通高科技产业创新、孵化与服务基地。

轨道交通作为金牛区科技服务业的发展重点之一，重点发展轨道交通牵引制动、转向架、运控系统等关键核心零部件研发、制造；中低速磁浮、新制式轨道交通的研发、设计及高端制造；工程施工装备研发设计；新材料与新能源研发、设计；信号系统、通信系统、信息化系统等集成类软件系统的研发制造；教育培训、检验检测；建设工程服务、维护服务和运营服务，形成了“一校、一城、一园”的产业空间布局。

“一校”——西南交通大学，位于金牛区九里堤街道。支持西南交通大学建设轨道交通国家实验室，以“两高一重一新”(高速铁路和高速磁浮交通、重载铁路、新型城市轨道交通)为研究重点，加速西南交大轨道交通技术创新成果转化，大力促进校企合作，打造引领轨道交通科技发展、汇聚一流轨道交通人才的产学研一体化基地。

“一城”——环交大智慧城，位于金牛区二环路北二段和三环路北一段之间。以成都轨道交通产业技术研究院和成都轨道交通产业发展联盟为依托，开展轨道交通核心技术研究、检验检测、成果转化、产品设计、创业孵化、企业培育，重点推进“交大智慧谷”轨道交通产业，“菁蓉创业谷”创新创业聚集区建设，大力发展新经济，构建创新型环高校知识经济圈。

“一园”——轨道交通研发与智能制造产业园，位于金牛北部新城，天龙大道南侧和兴川路两侧区域。依托中铁轨道交通高科技产业园，充分发挥中铁二院工程公司、中铁八局等资源优势，重点发展轨道交通勘察设计施工、工程项目总承包、技术服务咨询等，加快引进相关轨道交通企业总部、技术研发中心等，打造国家级轨道交通高科技产业创新与服务基地；依托高新技术产业园，加强与新都、新津联动，重点布局轨道交通装备与关键零部件的高端智能制造，打造轨道交通高端制造基地。

目前，金牛区正大力支持西南交通大学建设轨道交通国家实验室，以“高速铁路和高速磁浮交通、重载铁路和新型城市轨道交通”作为研究重点，加速创新成果转化，促进校企合作，打造产学研一体化基地。同时，力争用5～8年时间形成“以轨道交通引领城市发展的枢纽型商务商业中心”和“以新科技、新模式、新业态为特征的创新型高校知识经济圈”，形成支撑经济发展的两大核心增长极。

(3) 两基地——新都和新津轨道交通产业基地。

A. 新都轨道交通产业基地。

新都轨道交通产业基地位于成都市新都区石板滩镇，是成都轨道交通产业“一校一总部两基地”布局的重要组成部分。新都区作为成都唯一入选区县，与全国其他7个区县一同被评为全国轨道交通产业发展最具潜力的区域。按照《成都制造2025规划》《成都市轨道交通产业发展规划(2016—2020)》和成都工业园区布局，总规划面积12平方公里，以建设世界级轨道交通产业园区、全国轨道交通产业化和出口园区为目标，打造上下游配套、产业链完整的轨道交通千亿产业集群。在2018国际轨道交通产业发展新都峰会上，由西南交通大学、每日经济新闻共建的中国轨道交通大数据研究基地宣告落地成都市新都区，这是国内首个轨道交通大数据研究基地。与此同时，总投资109.7亿元的25个轨道交通重大项目签约，襄阳国铁机电、吉林省红星轨道、广东利世康低碳、西藏智材新材料等企业将参与新都的轨道交通产业发展。近年来，新都紧紧围绕轨道交通9大核心技术和10大关键零部件，引进轨道交通产业项目38个，总投资超过130亿元，建成达产后预计可实现年产值252亿元，年税收11.5亿元。现已全面启动3平方公里建设，预计到2020年，实现主营业务收入300亿元；到2030年，实现主营业务收入500亿元。

新都轨道交通产业园全力实施“招大引强”战略，着力引进细分行业龙头和领军企业，将新都建设成西南地区重要的轨道交通整车制造基地、轨道交通装备维保和检测基地、东南亚轨道交通装备出口基地，为成都奋力打造世界轨道交通之都提供坚实支撑。2016年7月1日，中车成都轨道交通产业园的核心组成部分——中车成都机车车辆有限公司(以下简称“中车成都”)新都厂区正式投产。目前，在努力做大做强中车成都龙头项目的同时，紧紧围绕“九大核心技术”和“十大关键零部件”的范畴，已成功引进今创集团、新誉集团、株洲时代电气、北京鼎汉等核心配套项目17个，项目总投资约108亿元，占地2000余亩[①]，涵盖牵引系统、制动系统、信号系统等9个门类。新都基地以中车成都轨道交通产业园为核心，重点发展地铁、有轨电车、动车组制造和维修，机车、客车、货车维修，牵引电机制造及配套产品制造，以城市间轨道交通装备制造为主，打造轨道交通装备制造全产业链。

中车成都轨道交通产业园区基础设施正在加快建设，已启动投资35.78亿元的道路、管网、通信等基础设施建设；规划50万平方米标准化厂房，已启动20万平方米标准化厂房建设；占地1085亩的“兴香城”人才公寓项目，首期66.7亩、建筑面积约10万平方

① 1亩≈666.7平方米。

米已开工建设。中车成都现已经成为西部地区轨道交通装备产业覆盖最全、造修能力最强、产能最大的企业，年新造地铁 600 辆、检修 1000 辆，新制式轨道装备新造 150 辆，铁路客车高级修 1000 辆的产能。主动出击对接上下游配套企业、争取技术人才平移、推动产业链项目快速落地。4 年时间，新都轨道交通产业走向了成都轨道交通产业的第一方阵。

B. 新津轨道交通产业基地。

新津轨道交通产业基地位于成都市新津县天府新区西区产业园，规划面积 20 平方公里。新津基地以新津轨道交通装备产业园为核心，重点发展地铁、现代有轨电车、轨道系统、四电系统集成产品研制，以发展城市轨道交通装备和新型制式轨道交通产品为主。

新津作为成都轨道交通产业“一校一总部两基地”中的“两基地”之一，近年来紧紧围绕打造世界轨道交通产业高地，采取有力措施，以市场需求为牵引，以整车制造为龙头，以科技创新为驱动，以市场拓展为保障，实现全制式、全产业链、全寿命周期服务，强化自主创新，掌握核心技术，形成了以成都中车长客、新筑路桥、阿尔斯通等一大批关键核心企业为代表的轨道交通产业集群，构建了以地铁为基础，以第二代磁悬浮、现代有轨电车等新制式产品为重点的轨道交通产业体系。目前初步形成了具有年产地铁或有轨电车 1500 模块、维修 300 列的生产能力，兼容轻轨、中低速磁悬浮、跨座式单轨、悬挂式单轨、市域快轨等多种制式城轨车辆的制造。同时大力发展新技术和新产品，以地铁等传统制式为基础，加速布局城市轨道交通新制式，形成磁悬浮列车、智能轨道列车、悬挂式单轨、跨坐式单轨等新制式轨道交通产品的研发制造能力。加快新型轨道系统试用、测试等工作，推动形成大规模产业化。

目前，新津正在大力提升轨道交通产业能级，瞄准新一代磁悬浮系统、地铁、现代有轨电车等重点方向；大力发展整车制造、信号牵引、四电系统，突出研发设计、检测检验、运营维保等关键环节；构建城市轨道交通 TOD 建设运营新模式，引领带动轨道交通产业链式发展。举全县之力做强交通装备产业，构建生态圈产业核心，依托阿尔斯通等国际知名企业，培育壮大以中车长客、新筑路桥为代表的本土企业，增强“轨道车辆+新型轨道+维护保养”的能力，使之成为百亿级企业。

新津注重加强与金牛区区域合作，促进装备制造企业与科技研发、勘察设计、工程施工等企业建立合作关系；鼓励龙头企业深化与高等院校合作，收购国外研发机构，引进先进技术，开发新制式产品，积极推进试验线和示范线工程；加快征地拆迁等前期工作，促进地铁和磁悬浮试验线、现代有轨电车 R1 线建设；加快维保基地打造，加强与中铁二院、中国电建、广州有轨电车等企业单位合作，推动轨道交通产业在新津又快又好的发展。

3) 产业发展

(1) 以“新制式”为突破口，差异化发展迈出实质性步伐。成都市委市政府着眼全国范围内国铁、城际以及地铁制式产业均已完成布局，新制式轨道交通产业于起步阶段，西南交通大学掌握并引领着新制式核心技术发展方向的现状，将发展新制式作为成都市轨道交通产业占领新一轮城轨交通装备发展制高点的突破口，鼓励和支持新都、新津两大基地相关企业对现代有轨电车、中低速磁悬浮、跨座式单轨、悬挂式单轨等城轨系统应用技术的研发和产业化。市经信委已联合西南交通大学、中铁二院、新筑路桥、运达科技等本地高校和核心企业对中低速磁悬浮、跨座式单轨、悬挂式单轨城轨系统尽快实现本地产业化进行深入论证，中低速磁悬浮系统有望成为成都首个新制式城轨交通国际品牌。

(2) 以“整车带配套”为目标，重大项目引进更加有针对性。一是以新都、新津两个产业基地为载体，以大型央企、龙头企业为核心，成都市投资促进委员会与新津县共同主办了“轨道交通产业投资说明会”，与新都区共同主办了“中国中车城轨业务供应商大会”，邀请近100家轨道交通产业零部件企业来成都考察投资环境；二是以整车带配套，大力开展“补链”招商，以牵引动力系统、内装零部件、通信信号系统、四电系统集成为重点领域，积极与中国通号、阿尔斯通、今创集团等企业进行对接，实现一批配套零部件企业签约落户；三是有针对性地开展有轨电车产业链招商，引进了中车长客有轨电车整车、车体等关键零部件以及工程建设、施工设备等项目。

(3) 以轨道交通线网规划及工程建设为带动，示范线建设引领产业方向。2015年6月，基于轨道交通设施建设基本由政府主导和投入的特殊属性，成都市经济和信息化委员会向市政府上报了《关于建议通过我市轨道交通项目带动产业发展的报告》；同年11月，《成都市人民政府关于推动城市轨道交通加速成网建设计划的实施意见》(成府发〔2015〕31号)发布，成都市城市轨道交通建设指挥部成立，市政府主要领导定期主持召开工作联系会议，以“轨道交通加速建设，促进我市轨道交通产业发展”的目标进一步明确。

(4) 以协同创新为支撑，关键产品、核心技术本地产业化提速。嵌入式连续支撑无砟轨道系统(以下简称“嵌入式轨道系统”)。通过中铁检验认证中心(China Railway Test & Certification Center，CRCC)全方位审查，获得CRCC城轨产品认证证书。该产品是全国首个通过CRCC认证的城市轨道交通工务产品，标志着成都市高端装备制造业迈出创新驱动引领产业转型升级实质性步伐。

本地企业收购上海奥威公司，掌握超级电容技术，成都市轨道交通产业实现“四电”技术能力提升。

第二代中低速磁悬浮控制技术成熟，产业化可期。西南交通大学牵引动力国家实验室于2014年攻克了关键转向架技术，成功研制第二代悬浮架，使第二代车轨耦合振动问题得到很好解决，对轨道要求降低，显著降低成本，提高了系统的竞争力(每公里直接造价1.5亿～2亿元人民币，采用全钢梁组装线路成为可能)。

掌握第二代中低速磁悬浮轨道技术。通过科技创新，中铁二院突破了中低速磁悬浮轨道结构、扣件、F轨接头及伸缩调节器等中低速磁悬浮轨道系统成套关键技术。获得《中低速磁浮交通整体式道床轨道结构》《中低速磁浮轨道弹性分开式扣件》等7项中低速磁浮轨道系统专利，成为国内外唯一一家具有完整涵盖中低速磁浮轨道结构、扣件系统、I-III型F轨接头及伸缩调节器等中低速磁浮轨道系统成套关键技术自主知识产权的单位，为国际领先水平。中铁二院已联合中铁山桥集团开展中低速磁浮F轨新型制造工艺、F轨相关系列技术和专用设备的研究和开发，可在成都形成F轨制造能力。

7.3.2 数据获取

本书以成都市航空航天和轨道交通两大高端装备制造业作为研究对象，主要通过走访政府相关部门、制造业协会以及对行业龙头企业、行业配套企业的实地访谈和调查表发放相结合的方式获取了研究所需资料和数据。

7.3.3　综合评价

在对产业创新能力进行综合评价时，需要确定各评价指标的权重。本书采用层次分析法确定指标权重，具体思路如下：

首先，基于 1-9 标度方法设计了“战略性新兴产业创新能力评价指标权重调查表”(附录 1)，邀请了相关专家学者对各一级评价指标之间相对重要程度、各二级指标之间相对重要程度进行打分。然后，计算其算术平均值，从而得到各级评价指标之间的相对重要程度，经计算(过程略)可得到高端装备制造业创新能力各级指标权重值，如表 7.3 所示。

表 7.3　各级指标权重值

一级指标	权重值	二级指标	权重值
投入能力	0.35	R&D 经费总支出	0.24
		R&D 投入强度	0.13
		R&D 项目数	0.22
		科技经费支出总额	0.21
		新产品开发项目数	0.12
		新产品开发经费支出	0.08
吸收能力	0.21	技术引进经费	0.52
		消化吸收经费	0.25
		技术改造经费	0.23
转化能力	0.17	R&D 成果转化数量	0.28
		R&D 成果转化率	0.09
		R&D 成果转化增长率	0.21
		R&D 成果转化投资收益	0.31
		R&D 成果转化投资收益率	0.11
产出能力	0.15	新产品产值	0.29
		新产品销售收入	0.25
		新产品销售利润	0.16
		专利申请数	0.18
		拥有有效专利数	0.12
支撑能力	0.12	政府资金对产业科技活动的贡献度	0.51
		金融贷款对产业科技活动的贡献度	0.21
		企业研发中心数量占企业数量的比重	0.28

1. 成都市航空航天高端装备制造业创新能力评价

1) 评价结果

本书设定赋值向量 ***F***=(100，80，60，40，20)分别对应于指标评语集向量 ***V***=(强，较强，一般，较弱，弱)，通过运用前述所构建的模糊综合评价模型和方法，经计算(过程略)可分别得到各指标单项评价值和综合评价值，如表 7.4。

表 7.4　成都市航空航天装备制造业创新能力评价结果

创新能力综合评价值	一级指标			二级指标		
	名称	权重	评价值	名称	权重	评价值
83	投入能力	0.35	86	R&D 经费总支出	0.24	89
				R&D 投入强度	0.13	85
				R&D 项目数	0.22	86
				科技经费支出总额	0.21	88
				新产品开发项目数	0.12	83
				新产品开发经费支出	0.08	82
	吸收能力	0.21	83	技术引进经费	0.52	85
				消化吸收经费	0.25	81
				技术改造经费	0.23	82
	转化能力	0.17	77	R&D 成果转化数量	0.28	79
				R&D 成果转化率	0.09	78
				R&D 成果转化增长率	0.21	76
				R&D 成果转化投资收益	0.31	75
				R&D 成果转化投资收益率	0.11	77
	产出能力	0.15	81	新产品产值	0.29	80
				新产品销售收入	0.25	81
				新产品销售利润	0.16	80
				专利申请数	0.18	83
				拥有有效专利数	0.12	82
	支撑能力	0.12	82	政府资金对产业科技活动的贡献度	0.51	83
				金融贷款对产业科技活动的贡献度	0.21	80
				企业研发中心数量占企业数量的比重	0.28	82

2) 结果分析

从表 7.4 中可以看出，成都市航空航天高端装备制造业创新能力的综合评价值为 83，处于“较强”，但仍有较大的提升空间。在投入能力方面，新产品开发经费还应进一步加大。在吸收能力方面，过多经费用于技术引进，消化吸收经费偏少，对技术的消化吸收能力偏弱，高端技术的“黑匣子”尚未揭开。在转化能力方面，成果转化数量和转化率较低，创新成果转化难，军工单位在科技成果转化、技术辐射带动等方面的作用发挥不充分，与地方企业尤其是民营企业融合发展的成效不明显。在产出能力方面，新产品销售利润偏低，品牌建设有待进一步加强。在支撑能力方面，企业融资渠道单一、企业研发中心数量偏少。

3) 提升对策①

一是加强政策扶持。针对航空航天高端装备制造业创新特征，加快制定适应新动能发展需要的政策，不断完善税收优惠政策和财政金融扶持政策。全面构建激励科技创新的政策体系，降低企业创新成本，激发企业创新激情，保护企业创新收益。支持航空航天产业领域的龙头企业和配套企业发展。积极推进国家推动军民融合深度发展的相关政策，鼓励大学以及省内航空航天相关的研究团体、机构合作进行科技研发项目。不断完善支持国际研发合作的政策体系，支持企业“走出去”和“引进来”。

二是加强财政金融支持。着力解决重点企业、重大项目资金需求，适时通过政府投资平台对发展潜力大的航空航天产业企业开展股权投资，对航空航天产业基础设施、技术开发、技术改造、创新平台、服务平台等项目予以重点支持。鼓励、培育航空航天产业企业进入资本市场，鼓励设立风险投资基金，引导和鼓励社会资本投入。

三是加强对外开放与合作。以开放和创新为根本动力，在开放中推进创新，鼓励行业龙头企业积极融入全球创新体系和占据全球价值链核心环节。围绕行业龙头企业，融入全球创新体系，整合全球创新资源，着力打造开放式创新网络平台和成都航空航天高端装备制造业集群品牌。支持航空航天企业参与国际合作和分工，吸引国际知名航空航天企业直接投资，引进先进的生产线和生产工艺。加快推进航空航天装备制造业协同创新研发中心和产业技术协同创新联盟建设，促进 R&D 成果就地转化、推广应用。积极推进与中航工业、中国电科、中国商飞的企业战略合作，吸引更多航空重大项目落户，对合作项目给予优先保障和支持。

四是加强人才队伍建设。整体推进各类人才队伍建设，建立航空航天高端人才和实用人才库，着力培养急需紧缺的专业人才，在关键技术领域形成以领军人才为核心的创新团队。加快建设全面创新领军人才服务中心，为人才引进提供快捷、高效和一条龙的服务保障。加强高校航空航天专业学科建设和职业教育实训基地建设，完善校企联合培养人才的机制，不断提高航空航天专业高技术人才和高技能人才水平。对为航空航天产业做出重大贡献的各类人才，按照国家和省有关规定予以表彰奖励。

2. 成都市轨道交通高端装备制造业创新能力评价

1) 评价结果

采用上述方法，同理可得到成都市轨道交通高端装备制造业创新能力评价值，如表 7.5。

① 资料来源：《成都市航空航天产业发展规划(2016—2020 年)》。

表 7.5 成都市轨道交通高端装备制造业创新能力评价结果

创新能力综合评价值	一级指标			二级指标		
	名称	权重	评价值	名称	权重	评价值
80	投入能力	0.35	84	R&D 经费总支出	0.24	85
				R&D 投入强度	0.13	83
				R&D 项目数	0.22	84
				科技经费支出总额	0.21	85
				新产品开发项目数	0.12	82
				新产品开发经费支出	0.08	83
	吸收能力	0.21	81	技术引进经费	0.52	84
				消化吸收经费	0.25	78
				技术改造经费	0.23	81
	转化能力	0.17	72	R&D 成果转化数量	0.28	73
				R&D 成果转化率	0.09	72
				R&D 成果转化增长率	0.21	71
				R&D 成果转化投资收益	0.31	73
				R&D 成果转化投资收益率	0.11	70
	产出能力	0.15	82	新产品产值	0.29	83
				新产品销售收入	0.25	80
				新产品销售利润	0.16	78
				专利申请数	0.18	84
				拥有有效专利数	0.12	85
	支撑能力	0.12	79	政府资金对产业科技活动的贡献度	0.51	80
				金融贷款对产业科技活动的贡献度	0.21	78
				企业研发中心数量占企业数量的比重	0.28	77

2) 结果分析

从表 7.5 中可以看出，成都市轨道交通高端装备制造业创新能力的综合评价值为 80，处于“较强”，但还有很大的提升空间。在投入能力方面，新产品 R&D 项目数和 R&D 经费的投入还应进一步加大。在吸收能力方面，过多经费用于技术引进，消化吸收经费偏少。在转化能力方面，虽然在轨道交通领域的科研技术水平高、成果多，但“产学研用”协同转化平台缺乏有效运转，成果转化率不高，本地转化更少，科研成果“效益外流”的问题突出。在产出能力方面，新产品销售利润偏低。在支撑能力方面，企业研发中心的数量偏少，企业融资渠道单一，相关服务业发展滞后，以企业为主体的制造业创新体系不完善。

3) 提升对策①

① 资料来源：《成都市轨道交通产业发展规划(2016—2020 年)》。

一是加大政策支持力度。全面构建激励科技创新的政策体系，支持轨道交通全产业链科技创新，对轨道交通领域研究成果获得国家级奖励的个人或团队，在科技创新资金中给予配套奖励。市级工业发展资金向轨道交通装备制造企业倾斜，市级科技专项资金对轨道交通重点领域关键技术攻关和科技成果产业化给予重点支持。支持企业加大技术改造力度和产品更新换代，加快新产品产业化，重点扶持轨道交通装备企业技术改造，优先支持轨道交通重点项目列入国家、省重点项目、重点产品目录。进一步落实财政、税收和用地政策。

二是打造开放式创新网络平台。鼓励行业龙头企业积极融入全球创新体系和占据全球价值链核心环节。一方面，积极围绕行业龙头企业，强化产业配套，推动中小企业通过与重点企业配套进入轨道交通市场，融入全球创新体系，整合全球创新资源，着力打造开放式创新网络平台。另一方面，围绕“中国制造 2025”成都实施方案，加快推进成都轨道交通高端装备制造业协同创新研发中心和产业技术协同创新联盟建设，建立成都市轨道交通装备制造业创新应用促进中心，促进 R&D 成果就地转化、推广应用。

三是实施品牌战略。一方面，瞄准国际化发展方向，实施与国际先进水平接轨的质量标准，发挥龙头企业海外市场影响力，大力提升成都“智造”的国际品牌影响力。另一方面，大力培育一批具有国际竞争力的创新型企业，通过打造专业品牌运营服务中介机构，做强产品品牌，打响成都轨道交通高端装备制造业集群品牌。

四是加强对外开放与合作。一方面，加强与中国铁路总公司、中国中铁、中国铁建、中车集团公司等央企的对接，推动重点央企在成都轨道交通产业领域的战略部署。继续发挥既有轨道交通产业优势，做大龙头企业，着力引进技术含量高、附加值高的产品和项目企业落户。另一方面，积极推动龙头企业在“一带一路”沿线国家轨道交通重大工程勘察设计、工程总承包、装备出口等方面抢占市场。推动工程承包企业与轨道交通装备制造企业加强合作，形成产业聚集优势抱团出海，带动成都轨道交通装备制造业做大做强。

五是加强人才队伍建设。一方面，完善人才培养体系，加快建设全面创新领军人才服务中心，为人才引进提供快捷、高效和一条龙的服务保障，进而更好地吸引海外科技领军和拔尖人才，激发创新创业活力。另一方面，建立多元化高端人才投入机制，以企业和高校作为人才培养主体，精准对接重点发展领域高端人才需求，实施科技创新型人才培育计划，培养一批高水平的创新领军人才和创新团队，为成都市轨道交通高端装备制造业可持续高质量发展提供人才保障。

7.4　本 章 小 结

本章首先基于战略性新兴产业创新能力的构成要素，设计了开放式创新环境下战略性新兴产业创新能力评价指标体系。其次，基于模糊综合评判法构建了战略性新兴产业创新能力评价模型。最后，以成都市高端装备制造业为例进行创新能力评价研究，分析了成都航空航天高端装备制造业和轨道交通高端装备制造业产业创新能力存在的问题并提出了相关对策。

第 8 章　开放式创新环境下战略性新兴产业创新能力提升的对策

8.1　我国战略性新兴产业创新存在的问题

我国《“十三五”国家战略性新兴产业发展规划》（2016 年）指出，近年来我国节能环保、新一代信息技术、生物、高端装备制造、新能源、新材料和新能源汽车等战略性新兴产业快速发展，产业创新能力和盈利能力有了明显提升，新一代信息技术、生物、新能源等领域一批企业的竞争力进入国际市场第一方阵。但是，与工业发达国家相比，我国战略性新兴产业创新还存在较大差距和诸多问题，学者们从不同方面进行了研究，如表 8.1。

表 8.1　我国战略性新兴产业创新存在的问题

相关学者	产业创新存在的问题
高友才和向倩[370]	市场需求尚不足，核心技术受制于人（许多关键核心技术和装备必须依赖进口，整个技术体系能力和发达国家的差距还相当大），投入不力（投资数量、投资体制都落后于发达国家，民间投资动力不足，创业投资和风险投资规模小，金融市场体系不完善，政府支持乏力，财政投入分散）
刘峰[55]	关键技术掌握不足，产业基础技术、公共技术研发平台和服务平台缺乏，产业技术创新超前部署的系统性不足，重点产业技术创新缺乏长期的实验和产业化数据积累，现有的科技成果转化和形成产业的速度慢，技术标准与我国战略性新兴产业发展需要不相适应
李东华[56]	产业创新体系不够完善（创新投入不足、创新主体缺乏、创新产出包括成果产业化率不高），企业转型升级能力不足（在国际产业分工中被“强制”扮演了低端角色），产业基础薄弱、相关配套政策不完善
沙勇[58,371]	风险投资引导作用没有充分发挥，使战略性新兴产业获得创业投资的难度加大；投入大、周期长，企业融资困难越发突出；市场应用拓展困难，产业发展遇到巨大阻力（部分产业领域的技术成熟度不足、产品成本较高，市场竞争力不足）；创新人才不足，关键技术环节制约产业发展
干勇和钟志华[334]	产业核心技术供给能力不足，产业创新发展缺乏顶层设计，对国外技术和技术路线的依赖；R&D 投入不足、知识产权重视不够；产业基础薄弱，缺乏人才和技术积累，创新资源配置分散，共性技术和基础技术的公共研究机构缺乏，技术创新服务市场化程度低，技术成果转化机制不畅；促进技术创新的财税政策不健全，技术与产业政策法规之间协调性差；合作创新存在障碍，大型企业与中小企业缺乏协同，大量中小企业的创新成果缺乏应用的机会；企业研发能力薄弱，多数企业没有自己的研发力量，导致对产业技术缺乏持续研究；研发链和产业链存在脱节，对中小企业技术创新支持不够
王晓珍[372]	企业创新动力不足，自主创新能力薄弱，企业倾向封闭式创新；专利保护立法不完备；产业集群效应不显著，企业间联系不紧密，知识的外部性未得到有效体现；产业主体联系不紧密，企业与高校、研究机构未形成紧密的合作关系，缺乏知识共享；专业技术人才缺乏，研发资金总量不足
周泽炯和陆苗苗[69]	产业自主创新活动未能有效运用研发资金、研发人员、市场需求和政府补贴等四大驱动因素，自主创新能力整体上还较弱

综上所述，我国战略性新兴产业在创新发展过程中还存在很多问题：产业创新动力不足，产业创新开放度不高，产业创新系统不完善，产业创新基础薄弱，产业创新能力不强，产业国际竞争优势不明显。

8.2　我国战略性新兴产业创新能力提升的对策

8.2.1　发达国家的经验

1. 美国

美国将可再生能源、环境保护、医疗信息化、航空航天以及海洋与大气等领域作为战略性新兴产业发展的重点领域。以新能源产业为战略新性新兴产业的核心产业，2009 年《美国复苏与再投资法案》(以下简称《法案》)确立了新能源产业的重要战略地位，加大了投资 R&D 和基础设施建设，在经费上大力支持绿色能源的开发和效能提高[373]。2009 年制定了《重振美国制造业框架》，2012 年制定了《先进制造业国家战略计划》，在税收优惠政策方面为战略性新兴产业的发展提供了重要支持。实施科技创新，大力支持工业企业的科学研究、大学与企业开展合作研究，形成了政府、大学和企业相结合的有效机制；运用税收政策鼓励企业科技创新，进行金融支持，发展风险投资，涌现了一批知名的高新技术企业；加大人力资源培育与引进投入[374]。以大学为中心兴办科技工业园区，与大学、企业签订科研与订货合同，使新知识、新成果迅速转化为现实生产力，形成了特有的新兴产业金融支持模式，风险投资、纳斯达克市场、场外交易市场、债券市场、共同基金等构成美国战略性新兴产业金融支持的核心内容[375]。采取企业和政府共同进行资金投入，从而提高对战略性新兴产业技术研发和产业化成长初期的投入规模。根据战略性新兴产业不同发展阶段，选择不同的开放程度：在产业成长之初，创新开放度低；在产业成长期和成熟期，创新开放度高。美国战略性新兴产业形成了完善的技术创新系统，有效促进了战略性新兴产业创新能力的提升。

2. 英国

英国将大数据、太空、机器人、合成生物学、再生医学、农业科学、先进材料和可再生能源等作为战略性新兴产业的八个领域。在推进战略性新兴产业发展中，英国政府高度重视节能减排和绿色发展。1997 年签署了《京都议定书》，2007 年推出了《气候变化法案》，2003 年公布了《能源白皮书》，2009 年出台了《低碳交通计划》[374]，2012 年公布了《英国合成生物学路线图》，2014 年公布了《航天创新与增长战略 2014—2030》等，大力支持和发展战略性新兴产业。英国战略性新兴产业形成了完善的技术创新系统，有效促进了战略性新兴产业创新能力的提升。

3. 德国

德国将光学技术、节能环保、生物智能等产业作为战略性新兴产业重点发展的领域。德国政府和大公司高度重视对战略性新兴产业的研发支持。德国制定了《再生能源法》

《再生能源使用资助指南》《农业领域生物动力燃料资助计划》等法律法规，公布了《思想·创新·增长——德国 2020 高技术战略》，进一步加大了对战略性新兴产业研发创新的投入。制定科研投入政策促进中小企业创新，营造良好的科研环境促进创新，加速科研成果向生产力转化，重视培育新兴产业产品的市场需求，实施产业集群政策[376]。德国战略性新兴产业形成了完善的技术创新系统，有效促进了战略性新兴产业创新能力的提升。

4. 日本

日本将新能源、低碳产业、节能环保、新型汽车等产业作为战略性新兴产业发展的重点领域[373]。日本制定了“技术创新 25”战略方针，主要涉及工程技术、信息技术、医药等领域；制定了新兴产业发展的法律法规(如《石油代替能源促进法》和《能源合理利用法》)；制定了相关政策措施， 鼓励引进欧美先进技术，促进企业开展研发活动；采用信贷、税收优惠、政府补贴和政府采购等手段，扶持优势新兴产业发展；不断完善研究开发补助金制度，为技术研发提供资金支持；建立官民合作开发体制，共同分担研发风险[376]。日本战略性新兴产业形成了较为完善的技术创新系统，有效促进了战略性新兴产业创新能力的提升。

8.2.2 提升我国战略性新兴产业创新能力的对策

在借鉴马法尧等[100]以及笔者之前相关研究[102]的基础上，结合我国战略性新兴产业创新发展实际，本书从产业创新文化的培育、创新资源的加大投入、开放式创新平台的打造、集群式创新战略和产业人才战略的实施、产业创新政策的完善等方面提出促进我国战略性新兴产业创新能力提升的对策，具体如下。

1. 培育产业创新文化

创新文化建设是我国战略性新兴产业创新发展的内生动力，是提升产业创新能力的前提和基础。主动跨越企业边界和产业边界、获取和整合外部创新资源是开放式创新环境下战略性新兴产业创新的重要特征。因此，战略性新兴产业企业特别是龙头企业应树立开放式创新的意识[361]，培育和打造具有创新精神的企业家队伍，充分发挥企业家在企业创新中的核心作用，强化创新意识，积极营造创新文化氛围，主动融入全球价值链并整合全球创新资源；加强创新观念文化、创新制度文化和创新环境文化的建设，带动行业企业积极营造开放的创新氛围，加强通过创新文化的宣传和引导，最终促进我国战略性新兴产业创新文化的形成。

2. 加大创新资源的投入

创新资源的投入是我国战略性新兴产业创新发展的重要助推器。在开放式创新环境下，战略性新兴产业技术创新需要大量的创新投入。加大创新资源的投入不仅表现为创新资源投入数量的增加，而且还表现为创新资源投入质量的提高。在创新资金投入方面，多渠道保障产业发展基金，以政府资金为引导，加大全社会对战略性新兴产业技术创新的投入；积极完善政府投入资金的管理模式，探索采取基金(如清洁技术基金、高新技术民用化基金等)、股权、贷款贴息、信用担保等多种方式引导全社会，特别是企业对技术创新的投入[55]。

3. 打造开放式创新平台

开放式创新平台是我国战略性新兴产业创新发展的重要支撑。在开放式创新环境下，战略性新兴产业创新应围绕行业核心企业，充分利用和整合全球创新资源，积极参与全球创新活动，依赖产学研合作以及生产性服务和中介服务的大力支持，着力打造开放式创新网络平台。以产学研合作开放创新平台的构建为核心，生产性服务平台和中介服务平台的建设为支撑，着力打造基于“产学研合作、生产性服务和中介服务”三位一体的开放式创新国际化合作平台。建立跨部门、跨层级、跨区域协同合作机制，构建协同创新产业联盟，共享创新资源[62]；重点推动共建战略性新兴产业协同创新研发中心和产业技术创新联盟，完善公共技术平台、产业化支撑平台和创业服务平台，引导产学研合作，形成联系紧密、协同发展的开放式创新网络[221]，促进 R&D 成果推广应用，最终提升战略性新兴产业的创新能力。

4. 实施集群式创新战略

集群式创新是战略性新兴产业创新发展的路径选择和有效模式。战略性新兴产业集群式创新是一种地理上集中、能获取创新优势的创新型生态组织形式。以重大产业项目为抓手，整合全球创新资源，培育知名核心企业和军民融合产业集群网络，打造核心企业带动的特色鲜明的战略性新兴产业开放式创新集群，以集群式创新驱动我国战略性新兴产业发展。一方面，支持创新资源富集的城市打造战略性新兴产业集聚区，充分发挥核心企业的引领作用和辐射作用，全面提升产品和品牌影响力。另一方面，着力打造一批“高、精、专”的科技型中小企业，形成战略性新兴产业集群创新生态环境，促进我国战略性新兴产业创新能力的持续提升。

5. 实施产业人才战略

产业人才是我国战略性新兴产业创新发展的重要保障。随着“一带一路”建设的实施和深入推进，我国战略性新兴产业人才短缺越来越严重，极大地制约着整个产业的可持续发展。战略性新兴产业人才战略的实施可从两个方面着手，一方面应建立多元化高端人才投入机制，以企业、高校和科研院所作为人才培养主体，精准对接重点领域高端人才需求，实施科技创新型技术人才培育计划，加快培养掌握关键核心技术的专业人才、拔尖人才和领军人才，打造一批战略性新兴产业技术创新高水平团队。另一方面，应加快战略性新兴产业人才的国际化进程，建设全面创新领军人才服务中心，吸引国外高端技术管理人才来华创新创业；通过丰厚的待遇和研发条件吸引海外优秀科技领军人才和拔尖人才；依托国家“千人计划”和“万人计划”，从国外引进一批能够突破关键核心技术的高层次人才。

6. 完善产业创新政策

政府政策是我国战略性新兴产业创新发展的重要保障。一是政府应不断完善支持产业创新的政策体系，加大政府对战略性新兴产业创新的政策引导和扶持力度。二是政府应创新技术引进、消化吸收再创新的体制机制，制定和落实创新投入政策、补贴政策、技术引进政策、成果转化政策等以及为企业创造国际化发展的政策环境。三是政府应高度重视对引进技术的消化吸收和再创新在经费上的大力支持，对关键共性技术的研发提供专项经费支持(如政府设立“战略性新兴产业技术创新奖励基金”)。四是政府应建立多元化的投融资体系，设立战略性新兴产业协同创新投资基金，对战略性新兴产业的创新产品给予税收优惠或减免，降低成本，减少企业经营风险[370]；建立科技型企业融资联合担保平台和多层次的直接融资服务体系，发挥政府创新资金“四两拨千斤”的引领效应[56]。五是政府应高度重视健全市场机制，不断修订和完善关于知识产权保护的法律法规，切实增强对战略性新兴产业企业知识产权的有效保护。

8.3 本 章 小 结

本章首先分析了我国战略性新兴产业创新发展存在的问题。然后，梳理了发达国家提升战略性新兴产业创新能力的经验。最后，从产业创新文化的培育、创新资源的投入、开放式创新平台的打造、集群式创新战略的实施、产业创新人才战略的实施和产业创新政策的完善等六个方面阐述了我国战略性新兴产业创新能力提升的对策。

第9章 研究结论与展望

9.1 研究结论

战略性新兴产业代表新一轮科技革命和产业变革的方向，是培育发展新动能、获取未来竞争新优势的关键领域。创新是战略性新兴产业发展的动力。在开放式创新环境下，如何提升战略性新兴产业创新能力成为学术界关注的热点问题。本书基于开放式创新视角探讨了战略性新兴产业创新能力，指出了我国战略性新兴产业创新发展存在的问题，提出了促进我国战略性新兴产业创新能力提升的对策。本书主要研究结论如下：

(1) 对开放式创新环境下战略性新兴产业创新的概念进行了界定，认为战略性新兴产业创新是创新主体在全球开放竞争的动态环境下，为提升产业动态创新能力和获取持续竞争优势，以开放式创新为引领，通过跨越边界获取外部技术知识、整合内外创新资源、促进创新知识在产业内外创造和扩散以及创新成果出售或应用，进而创造出更高商业价值的群体创新过程。基于开放式创新的分类，将开放式创新环境下战略性新兴产业创新划分为内向型开放式创新和外向型开放式创新。在开放式创新环境下，战略性新兴产业创新跨越了企业边界和行业边界，突破了传统的封闭式创新，以开放姿态主动获取外部技术知识和向外部输送创新成果，具有开放性、动态性、网络性、协调性、共享性、风险性和渗透性等特征。

(2) 在开放式创新环境下，战略性新兴产业创新系统是产业创新主体基于重大技术创新，通过协同创新和交互作用而形成的各种正式或非正式关系的总和，包括创新中心网络(包括合作企业、竞争企业、客户等)和创新支持网络(包括政府、高校、科研机构、金融机构等)，本质上是开放式创新网络。从核心企业视角，根据核心企业在创新网络中是否形成，把战略性新兴产业创新系统划分为无核创新系统和有核创新系统两种。认为战略性新兴产业创新系统的治理本质上是对战略性新兴产业创新网络的治理，并基于信任、声誉、权力和制度四个维度构建了战略性新兴产业创新系统的综合治理机制。

(3) 对开放式创新环境下战略性新兴产业创新能力的概念进行了界定，认为战略性新兴产业创新能力是创新主体以产业本身经济、技术实力为基础，以产业需求为主导，为解决产业重大关键技术问题，基于对外部技术知识的获取和吸收以及对内外技术知识的整合、扩散和转化，进而创造更高商业价值、获取高额创新收益并促进产业整体竞争力提升的动态创新能力系统。基于开放式创新的分类，将开放式创新环境下战略性新兴产业创新能力分为内向型开放式创新能力和外向型开放式创新能力两类。认为在开放式创新环境下，战略性新兴产业创新能力由技术吸收能力、创新投入能力、创新转化能力、创新产出能力和环境支撑能力等要素构成，并构建了开放式创新环境下战略性新兴产业创新能力的“五力”模型，并从投入因素和环境因素两个方面分析了战略性新兴产业创新能力的影响因素。

(4) 基于自组织理论分析了开放式创新环境下战略性新兴产业创新能力形成的自组织特性，认为开放性是战略性新兴产业创新能力形成的前提，涨落是战略性新兴产业创新能力形成的诱因，非线性相互作用是战略性新兴产业创新能力形成的驱动力。从驱动力和阻力两个方面探讨了战略性新兴产业创新能力形成的动力，认为战略性新兴产业创新能力形成的过程，既有创新的驱动因素，也有创新的阻碍因素，两种因素产生的合力构成了战略性新兴产业创新能力形成的动力，并在此基础上构建了战略性新兴产业创新能力形成的“力场模型”。

(5) 基于战略性新兴产业创新能力的构成要素，设计了开放式创新环境下战略性新兴产业创新能力评价指标体系，包括 5 个一级指标和 22 个二级指标。基于模糊综合评判法构建了战略性新兴产业创新能力评价模型。以成都市高端装备制造业为例进行创新能力评价研究，分析了成都航空航天高端装备制造业和轨道交通高端装备制造业产业创新能力存在的问题并提出了相关对策。

(6) 在借鉴发达国家提升战略性新兴产业创新能力经验的基础上，针对我国战略性新兴产业创新发展存在的问题，从产业创新文化的培育、创新资源的投入、开放式创新平台的打造、集群式创新战略的实施、产业创新人才战略的实施和产业创新政策的完善等六个方面提出了我国战略性新兴产业创新能力提升的对策。

9.2 研究展望

尽管本书对开放式创新环境下战略性新兴产业创新能力进行了尝试性研究，但由于受主客观条件的限制，相关数据资料收集困难以及本人研究能力有限，本书仍然存在很多不足之处，需要通过进一步研究来完善。未来可从如下几个方面对战略性新兴产业创新能力相关问题展开进一步深入研究：

(1) 进一步深入研究开放式创新环境下战略性新兴产业创新能力构成要素之间的作用机理。尽管对开放式创新环境下战略性新兴产业创新能力的构成要素进行了分析，但各要素之间的相互关系、相互作用机理还需进一步深入研究。

(2) 进一步深入研究开放式创新环境下战略性新兴产业创新能力形成的动力机制。尽管本书从驱动力和阻力两个方面分析了战略性新兴产业创新能力形成的综合动力，但未从动态视角深入研究战略性新兴产业创新能力形成的动力机制。

(3) 进一步完善开放式创新环境下战略性新兴产业创新能力评价指标体系。由于问卷设计的科学性还不够，加上相关数据收集困难，在一定程度上影响了所设计的评价指标的说服力。在今后的研究中，应采用更加科学的方法，设计更加合理的战略性新兴产业创新能力评价指标体系。此外，在评价方法的选取上，可尝试集成不同的评价方法，如模糊评判法与数据包络法、神经网络法等集成使用，从而更加有效地评价战略性新兴产业创新能力，使其评价结果与实际更加相符。

参考文献

[1]国家信息中心. 2017年战略性新兴产业发展形势分析[EB/OL]. [2017-9-26]. http：//www. sic. gov. cn/News/459/8478. htm.

[2]李彪. 3000亿战略性新兴产业发展基金创设 重点将投向信息技术、高端装备等领域[EB/OL]. [2018-6-12]. http：//www. nbd. com. cn/articles/2018-06-12/1225462. html.

[3]陆娅楠. 战略性新兴产业支撑高质量发展[EB/OL]. [2018-11-28]. http：//paper. people. com. cn/rmrb/html/2018-11/28/nw. D110000renmrb_ 20181128_2-13. htm.

[4]杨红英. 回看2016系列高端装备获重大突破[N]. 中国工业报，2017-1-24.

[5]中华人民共和国国家发展和改革委员会. 2017年高技术领域发展成就之二：战略性新兴产业蓬勃发展产业竞争力显著提升[EB/OL]. [2018-2-12]. http：//gjss. ndrc. gov. cn/gjsgz/201802/t20180212_877386. html.

[6]张于喆. 我国高技术产业和战略性新兴产业保持高速增长[N]. 上海证券报，2018-4-13.

[7]文兼武. 工业经济总体平稳结构效益持续优化[EB/OL]. [2019-1-21]. http：//www. ce. cn/xwzx/gnsz/gdxw/ 201901/22/t20190122_31330441. shtml.

[8]国家统计局. 2018年经济运行保持在合理区间 发展的主要预期目标较好完成[EB/OL]. [2019-1-21]. http：//www.stats.gov. cn/tjsj/zxfb/201901/t20190121_1645752. html.

[9]张晓欢，杨晓东. 国外战略性新兴产业发展的经验与启示[N]. 中国经济时报，2017-9-5.

[10]Chesbrough H. Open innovation：the new imperative for creating and profiting from technology[M]. Boston：Haryard Business School Press，2003.

[11]李文元，张茜，张鑫. 战略性新兴产业开放式创新模式研究——基于文献分析[J]. 工业技术经济，2013(3)：105-112.

[12]王昌林，姜江. “创新、壮大、引领”：新时期赋予战略性新兴产业新使命[J]. 中国战略性新兴产业，2017(1)：21-23.

[13]胡大立，伍亮. 技术势力、市场势力与战略性新兴产业高端化发展研究[J]. 科技进步与对策，2016，32(22)：50-55.

[14]黄蕙萍，尹慧. 我国战略性新兴产业全球价值链升级影响因素分析[J]. 科技管理研究，2016，36(10)：19-24.

[15]乔虹. 产业创新能力的测度与评价[J]. 统计与决策，2016(23)：127-129.

[16]吴秀娟，吴诗禾，黄和亮. 浆造纸产业创新能力的评价指标体系研究[J]. 林业经济问题，2009(6)：514-518.

[17]杨楠. 河南省高新技术产业自主创新能力评价[J]. 科学管理研究，2012，30(1)：27–31.

[18]包英群. 中国平板显示产业创新能力研究[D]. 成都：电子科技大学，2016.

[19]廖湘岳，刘敏. 高技术产业创新能力评价与提升研究[J]. 科技风，2014(2)：69-69.

[20]李丹，王欣. 辽宁省高技术产业创新能力评价研究[J]. 科技管理研究，2016，36(7)：83-88.

[21]范德成，杜明月. 基于 TOPSIS 灰色关联投影法的高技术产业技术创新能力动态综合评价[J]. 运筹与管理，2017(7)：154-164.

[22]吴海江. 三参数区间灰数信息下产业创新能力评价[J]. 统计与决策，2016(15)：71-73.

[23]王凯，马庆国. 基于因子分析权重法的中国制造业技术创新能力研究[J]. 中国地质大学学报(社会科学版)，2007(2)：90-93.

[24]杨东奇，杜军. 基于因子分析的黑龙江省装备制造业技术创新能力评价研究[J]. 科技管理研究，2009，29(12)：175-177.

[25]孙晓华，周玲玲. 企业异质性与产业创新能力——基于我国36个工业行业的实证检验[J]. 产业经济研究，2010(4)：9-15.

[26]陈旭升，岳文俊. 产业组织对装备制造业产业创新能力的影响[J]. 技术经济，2013(3)：13-40.
[27]周喜君，郭淑芬，张变玲，郭丕斌. 中国煤炭产业技术创新能力与效率关系研究[J]. 经济问题，2017(12)：92-99.
[28]沙文兵，孙君. FDI知识溢出对中国高技术产业创新能力的影响——基于分行业面板数据的检验[J]. 经济学家，2010(11)：75-79.
[29]潘菁，张家榕. 跨国公司在华R&D投资对我国高技术产业创新能力影响的实证分析[J]. 中国科技论坛，2012(1)：30-36.
[30]刘继兵，王琪，马环宇. 制度环境对战略性新兴产业创新能力的影响[J]. 科技进步与对策，2015，32(23)：54-61.
[31]肖远飞，李瑁，侯璐萍. 全球生产网络嵌入对我国西部制造业创新能力的影响[J]. 科技进步与对策，2017，34(22)：41-46.
[32]易瑾超，吴瑾，曹雯. 创新国际化对中国通信设备制造业创新能力提升的影响[J]. 北京理工大学学报(社会科学版)，2015(5)：105-110.
[33]李煜华，荣爽，胡兴宾. 基于系统动力学的汽车产业技术创新能力影响因素研究[J]. 工业技术经济，2017(2)：50-56.
[34]张倩男，赵玉林. 高技术产业技术创新能力的实证分析[J]. 工业技术经济，2007(4)：21-26.
[35]陈萍，贾志永，龚小欢. 基于投入产出指数的高技术产业技术创新能力实证研究[J]. 科学学研究，2008(S2)：501-505.
[36]高达宏. 基于灰色关联的高技术产业创新能力分析[J]. 科技管理研究，2010，30(16)：8-15.
[37]徐廷廷，徐长乐，司桂霞，等. 时空维度下上海高技术产业创新能力评价研究[J]. 华东经济管理，2013(7)：5-8.
[38]吴忠涛，张丹，龚艳. 西安高新区战略性新兴产业创新能力评价研究[J]. 统计与信息论坛，2014(11)：84-90.
[39]王洪庆，侯毅. 中国高技术产业技术创新能力评价研究[J]. 中国科技论坛，2017(3)：58-63.
[40]许晓燕. 对高技术产业技术创新能力的研究[J]. 经济论坛，2008(3)：65-66.
[41]彭向. 我国高技术产业创新能力地区差异分析[J]. 科技进步与对策，2009，26(20)：25-28.
[42]董爱军. 信息产业创新能力评价的模型与方法[J]. 统计与决策，2011(18)：54-56.
[43]张治河，潘晶晶，李鹏. 战略性新兴产业创新能力评价、演化及规律探索[J]. 科研管理，2015，36(3)：1-12.
[44]曹兴，张伟，张云. 战略性新兴产业自主技术创新能力测度与评价[J]. 中南大学学报(社会科学版)，2017(1)：101-109.
[45]王章豹，孙陈. 基于主成分分析的装备制造业行业技术创新能力评价研究[J]. 工业技术经济，2007 (12)：63-68.
[46]李美娟，陈国宏，陈国龙. 基于灰色关联度的产业技术创新能力评价研究[J]. 山西财经大学学报，2008，30(6)：51-57.
[47]刘春香，章丽萍. 宁波市传统优势产业创新能力的实证分析[J]. 工业技术经济，2010(4)：128-135.
[48]杨屹，薛惠娟. 产业技术自主创新能力的区域差异性研究[J]. 中国工业经济，2010(11)：68-76.
[49]康灿华，阮飞. 基于AHP原理的中国电子信息产业创新能力评价研究[J]. 科技管理研究，2008，28(1)：82-85.
[50]李金兰，郑淑蓉. 基于 PCA 的高新技术产业技术创新能力评价——以泉州为例[J]. 科技进步与对策，2010，27(16)：126-130.
[51]温晓慧，黄海洋，王晓珍，等. 生物医药产业创新能力评价指标体系构建[J]. 科技管理研究，2016，36(13)：42-52.
[52]梁晓捷，王兵. 基于专利信息的国内外钢铁产业技术创新能力评价[J]. 管理学报，2017(3)：382-388.
[53]徐岩，徐传谌. 吉林省技术标准化与产业创新能力提升的对策研究[J]. 当代经济研究，2013(10)：79-85.
[54]梁琳，吴昊. 东北三省高技术产业技术创新能力及制约因素研究[J]. 当代经济研究，2018(10)：60-66.
[55]刘峰. 浅析我国战略性新兴产业技术创新[J]. 科技创新与生产力，2010(12)：27-31.
[56]李东华. 技术创新与战略性新兴产业发展[J]. 中共浙江省委党校学报，2012(4)：93-98.
[57]孙早，宋炜. 战略性新兴产业自主创新能力评测——以企业为主体的产业创新指标体系构建[J]. 经济管理，2012(8)：20-30.
[58]沙勇. 江苏战略性新兴产业：现实困境和应对策略[J]. 南京社会科学，2013(11)：145-150.
[59]俞之胤. 长春市战略性新兴产业创新能力评价及提升对策研究[D]. 长春：吉林大学，2015.

[60]张敬文，谢翔，陈建. 战略性新兴产业协同创新绩效实证分析及提升路径研究[J]. 宏观经济研究，2015(7)：108-117.

[61]王新新. 战略性新兴产业技术创新发展思路分析[J]. 理论月刊，2016(11)：134-138.

[62]张娜娜，胡斌，杨坤. 战略性新兴产业技术创新影响因素研究[J]. 商业经济研究，2017(13)：153-155.

[63]康健. 资源获取视角下战略性新兴产业创新能力提升[J]. 科研管理，2017(S1)：39-45.

[64]吕富彪. 辽宁高端装备制造业技术创新能力提升的演进路径研究[J]. 科学管理研究，2018，36(1)：46-47.

[65]张冀新，胡维丽. 基于"四三结构"的战略性新兴产业创新能力非均衡判别与评价[J]. 科技进步与对策，2018，35(21)：65-72.

[66]伍建龙，黄静，王宏起. 战略性新兴产业创新机理与管理机制研究[M]. 北京：科学出版社，2018.

[67]许珂，耿成轩. 制度环境与战略性新兴产业创新能力发展研究[J]. 技术经济与管理研究，2018(10)：106-111.

[68]金成. 战略性新兴产业技术创新能力的计量分析[J]. 统计与决策，2019(5)：110-113.

[69]周泽炯，陆苗苗. 战略性新兴产业自主创新能力的驱动因素研究[J]. 吉首大学学报(社会科学版)，2019(1)：30-38.

[70]闫俊周，童超，秦建军. 企业进入战略性新兴产业的影响因素——基于probit选择模型的实证分析[J]. 经济经纬，2019(2)：95-101.

[71]纪国涛，吕富彪. 辽宁省装备制造业产业创新能力提升对策研究[J]. 科学管理研究，2017，35(2)：66-69.

[72]张一思. 新常态下流通产业创新能力评价及提升路径[J]. 商业时代，2016(11)：26-28.

[73]Hastbacka M A. Open innovation：what's mine is mine what ifyours could be mine，too[J]. Echnological Management Journal，2004(1)：1.

[74]Gassmann O，Enkel E. Towards a theory of open innovation：three core process archetypes[R]. Lisbon：R&D Management Conference，2004.

[75]Christensen J F，Olesen M H，Kjaer J S. The industrialdynamics of openinnovation evidence from thetransformation of consumer electronics[J]. ResearchPolicy，2005，34(10)：1533-1549.

[76]Chesbrough H. Open business models：how to Thrive in a New Innovation Landscape[M]. Boston：Harvard Business School Press，2006.

[77]Chesbrough H，Vanhaverbeke W，West J. Open innovation：researching a new paradigm[M]. Oxford：Oxford University Press，2006.

[78]Chesbrough H W，Crowther A K. Beyond high tech：early adopters of open innovation in other industries[J]. R&D Management，2006，36(3)：3229-3236.

[79]West J，Gallaghers. Challenges of open innovation：the paradoxof firm investment in open-source software[J]. R&D Management，2006，36(3)：319-331.

[80]Lichtenthaler U. Relative capacity：retaining knowledge outside a firm's boundaries[J]. Journal of Engineering and Technology Management，2008，25(3)：200-212.

[81]Rohrbeck R，Hlzle K，Gemunden H G. Opening up forcompetitive advantage：how deutsche telekom creates an open innovationecosystem[J]. R&D Management，2009，39(4)：420.

[82]Lazzarotti V，Manzini R. Different modes of open innovation：a theoretical framework and an empirical study[J]. InternationalJournal of Innovation Management，2009，13(4)：615-636.

[83]Dahlander L，Gan D. How open is innovation[J]. Research Policy，2010，39(6)：699-709.

[84]Chiaroni D，Chiesa V，Frattini F. The open innovationjourne：how firms dynamically implement the emerging innovationmanagement paradigm[J]. Technovation，2011(31)：34.

[85]Van de Vrande V，Man de Ard-Pieter. A response to “Is open innovation a field of study or a communication barrier to theory development?”[J]. Technovation，2011，34(4)：185-186.
[86]Lichtenthale U. Open innovation: past research, currentdebates, and future directions[J]. Academy of Management Perspectives，2011，25(1)：75-93
[87]Morris M H，Shirokova G，Shatalov A. The businessmodel and firm performance：the case of Russian food serviceventures[J]. Journal of Small Business Management，2013，51(1)：46.
[88]Chesbrough H，Bogers M. Explicating open innovation：clarifyingan emerging paradigm for understanding innovation[M]// Chesbrough H，Vanhaverbeke W，West J. New frontiers in open innovation. Oxford：Oxford University press，2014.
[89]陈劲，陈钰芬. 开放创新体系与企业技术创新资源配置[J]. 科研管理，2006，27(3)：1-8.
[90]杨武. 基于开放式创新的知识产权管理理论研究[J]. 科学学研究，2006，24(2)：311-314.
[91]于开乐，王铁民. 基于并购的开放式创新对企业自主创新的影响[J]. 管理世界，2008(4)：150-159.
[92]江积海. 基于价值网络的开放式创新[J]. 研究与发展管理，2009，21(4)：60.
[93]刘向东，孙道银. 开放式创新理论框架：价值创新思维的实现途径[J]. 科技管理研究，2009，29(4)：4-6
[94]于淼. 基于知识视角的企业开放式创新能力机制研究[J]. 财经问题研究，2012(3)：110-116.
[95]俞珊，郝斌，任浩. 开放式创新下的价值共创：理论回顾与拓展[J]. 重庆工商大学学报(社会科学版)，2013，30(4)：39-46.
[96]汪涛. 企业如何实施开放式创新：基于光华伟业的案例研究[J]. 科学学与科学技术管理，2013，34(10)：111.
[97]朱晓霞，郭秀君，宋之杰. 高端装备制造业实施开放式创新的动因及对策分析[J]. 河北学刊，2014，34(4)：111-114.
[98]易锐，夏清华. 开放式创新的理论基点、研究维度与未来研究展望[J]. 湘潭大学学报(哲学社会科学版)，2015(2)：46-50.
[99]果艳梅. 企业开放式创新的影响因素研究——基于知识管理视角[J]. 科技创新与生产力，2015(10)：24-26.
[100]马法尧，牟绍波，黄雷. 提升高端装备制造业开放式创新能力的影响因素及对策[J]. 经济纵横，2016(8)：82-85.
[101]耿瑞利，申静. 基于开放式创新的智库知识管理模型构建及应用[J]. 图书情报工作，2017，61(2)：121.
[102]牟绍波，叶勇. 开放式创新环境下我国高端装备制造业创新发展路径与对策[J]. 改革与战略，2018，34(2)：147-150.
[103]曾靖珂，李垣. 基于战略联盟的开放式创新的研究综述[J]. 科技管理研究，2018，38(4)：1-6.
[104]龚敏卿，肖岳峰. 开放式创新研究述评[J]. 科技管理研究，2011，31(8)：12-19.
[105]张培，杨迎. 开放式创新中的多主体参与前沿研究述评与未来研究展望[J]. 科技管理研究，2018，38(1)：18-24.
[106]吴亚琼，张莲. 制造业与互联网融合发展背景下开放式创新内涵及模式研究述评[J]. 经济论坛，2019(2)：30-37.
[107]Gassmann O，Enkel E. Towards a theory of open innovation: Three core process archetypes[C]. R&D Management Conference，Lisabon，Portuga，2004.
[108]Fetterhoff T J，Voelkel D. Managing open innovation in biotechnology[J]. Research-Technology Management，2006，49(3)：14.
[109]Leadbeater C. Collaboration accelerates innovation[J]. Computer Weekly，2008，25(3)：14.
[110]Lazzatotti V，Manzini R. Different modes of open innovation：a theoretical framework and an empirical study[J]. International Journal of Innovation Management，2009，13(4)：615-636.
[111]Kaulio M. Customer，Consumer and user involvement in product development：a framework and a review of selected methods[J]. Total Quality Management，1998，9(1)：141-149.
[112]Enkel E, Gassmann O, Chesbrough H. Open R&D and open innovation：exploring the phenomenon[J]. R&D Management，2009，39(4)：311.
[113]Dahlander L，Gan D. How open is innovation[J]. Research Policy，2010，39(6)：699-709.
[114]Spithoven A，Clarysse B，Knockaert M. Building absorptive capacity to organise inbound open innovation in traditional

industries[J]. Technovation，2010(30)：130.

[115]Gronlund. Open innovation and the stage-gate process：a revised model for new product development[J]. California Management Review，2010，52(3)：106.

[116]Lee S，Park G，Yoon B，et al. Open innovation in SMEs-Anintermediated network model[J]. Research Policy，2010，39(2)：290-300.

[117]Dahlander R L，Gann D M. How open is innovation[J]. Research Policy，2010，39(1)：699.

[118]Lichtenthaler U. Technology exploitation in the context of open innovation：finding the right 'job' for your technology[J]. Technovation，2010，30(7/8)：429-435.

[119]Von Hippel E. Comment on "Is open innovation a field of study or a communication barrier to theory development?" [J]. Technovation，2010，30(11)：555

[120]Belderbos R，Faems D，Leten B，et al. Technological activities and their impact on the financial performance of the firm：exploitation and exploration within and between firms[J]. Journal of Product Innovation Management，2010，27(6)：869-882.

[121]Bianchi M，Cavaliere A，Chiaroni D，et al. Organisational modes for open innovation in the bio-pharmaceutical industry：an exploratory analysis[J]. Technovation，2011，31(1)：22-33.

[122]Knudsen P，Mortensen B. Some immediate-but negative-effects of openness on product development performance[J]. Technovation，2011，31(1)：54-64.

[123]Ye J，Kankanhalli A. Exploring innovation through open networks：a review and initial research questions[J]. IIMB Management Review，2013，25(2)：69-82.

[124]Felin T，Zenger T R. Closed or open innovation? Problem solving and the governance choice[J]. Research Policy，2014，43(5)：914-925.

[125]Ahn J M，Ju Y，Moon T H，et al. Beyond absorptive capacity in open innovation process：the relationships between openness，capacities and firm performance[J]. Technology Analysis & Strategic Management，2016，28(9)：1009-1028.

[126]郑刚，何郁冰，陈劲，等. "中国制造"如何通过开放式自主创新提升国际竞争力——中集集团自主创新模式的案例研究[J]. 科研管理，2008，29(4)：95-101.

[127]陈钰芬. 企业开放式创新的动态模式研究[J]. 科研管理，2009，30(5)：1-11.

[128]朱朝晖. 基于开放式创新的技术学习动态协同模式研究[J]. 科学学与科学技术管理，2009，30(4)：99.

[129]陈劲，王鹏飞. 选择性开放式创新——以中控集团为例[J]. 软科学，2011，25(2)：112-115.

[130]葛秋萍，辜胜祖. 开放式创新的国内外研究现状及展望[J]. 科研管理，2011，32(5)：43-48.

[131]石芝玲，和金生. 基于技术能力和网络能力协同的企业开放式创新研究[J]. 情报杂志，2011，30(1)：99.

[132]汪涛，牟宇鹏，周玲，等. 企业如何实现开放式创新——基于光华伟业的案例研究[J]. 科学学与科学技术管理，2013，34(10)：112-121.

[133]陈钰芬. 探求与企业特质相匹配的开放式创新模式[J]. 科研管理，2013，34(9)：27-35.

[134]张振刚，李云健，陈志明. 双向开放式创新与企业竞争优势的关[J]. 管理学报，2014(8)：1184-1190.

[135]高良谋，马文甲. 开放式创新：内涵、框架与中国情境[J]. 管理世界，2014(6)：157-169.

[136]杜晓静，耿亚青，沈占波. 基于互联网的开放式创新模式研究：背景、特点和组成系统[J]. 科技进步与对策，2014，31(8)：10-15.

[137]张玉明，梁尔昂. 云创新模式内涵分析与模型构建——以苹果公司为例[J]. 科技进步与对策，2014，31(4)：1-5.

[138]马文甲，高良谋. 基于不同动机的开放式创新模式研究：以沈阳机床为例[J]. 管理学报，2014，11(2)：163-170.

[139]孙冰，徐晓菲，万旭东. 开放式创新研究述评及展望[J]. 管理现代化，2015(1)：124-126.

[140]夏恩君，宋剑锋. 基于 Web 2.0 的企业开放式创新网络运行模式研究[J]. 北京理工大学学报(社会科学版)，2015，17(3)：109-114.
[141]何郁冰，张迎春. 网络类型与产学研协同创新模式的耦合研究[J]. 科学学与科学技术管理，2015，36(2)：62-69.
[142]李志强，果艳梅. 内向型开放式创新对企业创新绩效的影响机制研究[J]. 上海管理科学，2016，(1)：7-14.
[143]吕一博，韩少杰，苏敬勤，等. 大学驱动型开放式创新生态系统的构建研究[J]. 管理评论，2017，29(4)：68.
[144]李若辉，关惠元. 智能化背景下基于开放式创新的企业商业模式演化[J]. 企业经济，2018，37(6)：25-31.
[145]Christensen，J F. Wither core competency for the large corporation in an open innovation world?[M]//Chesbrough H，Vanhaverbeke W，West J. Open innovation：researching a new paradigm. Oxford：Oxford University Press，2006.
[146]Lichtenthaler U，Lichtenthaler E. A capability-based framework for open innovation：complementing absorptive capacity[J]. Journal of Management Studies，2009，46(8)：1315–1338.
[147]Fang H，Rice J. The role of absorptive capacity in facilitating “Open Innovation” outcomes：a study of Australian SMEs in the manufacturing sector[J]. International Journal of Innovation Management，2009，13(2)：201-220.
[148]陈钰芬，陈劲. 开放式创新促进创新绩效的机理研究[J]. 科研管理，2009，30(4)：1-9.
[149]陈劲，蒋子军，陈钰芬. 开放式创新视角下企业知识吸收能力影响因素研究[J]. 浙江大学学报，2011，41(5)：71-82.
[150]张永成，郝冬冬. 开放式创新网络中的知识共享策略[J]. 情报理论与实践，2011(12)：74-77.
[151]陈艳，范炳全. 中小企业开放式创新能力与创新绩效的关系研究[J]. 研究与发展管理，2013，25(1)：24-35
[152]牟绍波，王相平. 高科技企业集群开放式创新能力研究[J]. 科技管理研究，2013，33(10)：159-161.
[153]朱建民，郝克宁. 开放创新下企业技术创新能力划分及影响机理分析[J]. 中央财经大学学报，2014(8)：106-112.
[154]董黎晖，宋国防，赵璋. 中小企业开放式创新能力提升途径研究[J]. 技术经济与管理研究，2014(6)：39-44.
[155]王珊珊，任佳伟，许艳真. 开放式创新下新兴产业创新特点与能力评价指标研究[J]. 科技进步与对策，2014，31(19)：57-61.
[156]储节旺，吴川徽. 社会化网络与开放式创新能力关系研究述评[J]. 图书情报工作，2016(15)：126-133.
[157]Freeman C，Soete L. The economics of industrial innovation[M]. Cambridge：MIT Press，1997.
[158]管顺丰，胡树华，石永军. 产业创新原理及管理原则[J]. 企业改革与管，2004(6)：16.
[159]张文强 . 我国产业技术创新与产学研结合模式研究[D]. 武汉：武汉理工大学，2013.
[160]王桂军，曹平. 产业创新与产业创新系统：国外理论脉络与国内政策建议[J]. 科技管理研究，2018，38(12)：9-14.
[161]Lundvall B. From innovation as an interaction process to the national system of innovation in an era of globalization lessons for enterpriszes，universities and public policy[C]. Conference in Universidad La Habana，Cuba，2015.
[162]周青，刘志高，朱华友，等. 创新系统理论演进及其理论体系关系研究[J]. 科学学与科学技术管理，2012(2)：50-55.
[163]孙飞翔，吕拉昌. 国家创新系统研究综述与展望[J]. 科技管理研究，2017，37(23)：1-9.
[164]Freeman C. Technology policy and economic performance：lessons from Japan[M]. London：Pinter，1987.
[165]OECD. National innovation systems[R]. Paris：OECD，1997.
[166]Olbrich P，Witjes N. Rethinking borders of national systems of innovation：Austrian perspectives on Korea's internationalization of green technologies[J]. STI Policy Review，2014，5(2)：65-95.
[167]孙瑶，蒋瑛. 外资研发与国家创新系统的自组织演化[J]. 科技进步与对策，2009，26(4)：9-12.
[168]曾德明，彭盾. 基于耗散结构理论的国家创新体系国际化研究[J]. 科学管理研究，2009，27(3)：12-15.
[169]刘云，李正风，刘立，等. 国家创新体系国际化理论与政策研究的若干思考[J]. 科学学与科学技术管理，2010，31(3)：61-67.

[170]宋伟，张华伦，曹镇东，等. 知识流动视角下我国国家创新系统的演进历程[J]. 科技管理研究，2013，33(14)：6-9.

[171]崔新健，郭子枫，常燕. 开放式国家创新体系及其发展路径[J]. 经济社会体制比较，2014(5)：168-179.

[172]刘云，谭龙，李正风，等. 国家创新体系国际化的理论模型及测度实证研究[J]. 科学学研究，2015，33(9)：1324-1339.

[173]王德华，刘戒骄. 国家创新系统中政府作用分析[J]. 经济与管理研究，2015(4)：31-38

[174]崔新健，章东明. 国家创新系统的开放性研究[J]. 中国科技论坛，2016(6)：5-10.

[175]曹洋，陈士俊，王雪平. 科技中介组织在国家创新系统中的功能定位及其运行机制研究[J]. 科学学与科学技术管理，2007，28(4)：20-24.

[176]崔永华. 边界组织与国家创新体系中的知识流动[J]. 科技进步与对策，2013，30(19)：119-123.

[177]卞元超，白俊红. 区域创新系统研究进展：基于系统内部主体之间以及系统之间关系的视角[J]. 中国科技论坛，2015(10):94-99.

[178]Cooke P，Braczyk H J，Heidenreich M. Regional innovation systems：the role of governance in a globalized world[M]. London：UCL Press，1996.

[179]Cooke P，Boekholt P，Todtling F. The governance of innovation in europe[M]. London：Pinter，2000.

[180]Lambooy J G. The transmission of knowledge，emerging net-works，and the role of universities：an evolutionary approach[J]. European Planning Studies，2004，12(5)：643-657.

[181]Asheim B T，Isaksen A. Regional innovation systems：the integration of local ‘sticky’ and global ‘ubiquitous’ knowledge[J]. Journal of Technology Transfer，2005，27 (1)：77-86.

[182]Buesa M，Heijs J，Pellitero M M，et al. Regional systems of innovation and the knowledge production function：the spanish case[J]. Technovation，2006，26(4)：463-472.

[183]Asheim B T，Coenen L. Contextualising regional innovation systems in a globalizing learing economy：on knowledge bases and institutional frameworks[J]. Journal of Technology Transfer，2006，31(1)：163-173.

[184]Omta S W F，Fortuin F T J M. Effectiveness of cluster organizations in facilitating open innovation in regional innovation systems：the case of food valley in the Netherlands[M]//Martinez M G. Open Innovation in the food and beverage industry. Cambridge：Woodhead Publishing，2013.

[185]Mattes J，Huber A，Koehrsen J. Energy transitions in small-scale regions[J]. Energy Policy，2015，3(78)：255–264.

[186]黄鲁成. 关于区域创新系统研究内容的探讨[J]. 科研管理，2000，21(2)：43-48.

[187]刘曙光，徐树建. 区域创新系统研究的国际进展综述[J]. 中国科技论坛，2002(8)：20-30.

[188]王祥兵，严广乐，杨卫忠区域创新系统动态演化的博弈机制研究[J]. 科研管理，2012，31(11)：1-8.

[189]唐书林，肖振红，刘强，等. 基于超网络模型的区域创新系统双重激励机制研究[J]. 运筹与管理，2015(4)：254-263.

[190]刘强，李晓娣，杨威，等. 跨国公司 R&D 机构与区域创新系统 RIS 耦合机制研究[J]. 科研管理，2015(S1)：42-46.

[191]王利军，胡树华，解佳龙，等. 基于“四三结构”的中国区域创新系统发展阶段识别研究[J]. 中国科技论坛，2016(6)：17.

[192]杨剑，朱亚坤. 可持续创新导向的区域创新系统构建研究[J]. 技管理研究，2009(10)：197-208.

[193]王邦兆，王欢，郭本海. 区域创新系统耦合度改进模型及实证研究[J]. 中国管理科学，2014，11(22)：566-573.

[194]关云飞，詹湘东. 基于知识管理的区域创新系统运行机制研究[J]. 技术经济与管理研究，2009(6)：59-62.

[195]张座铭，宋丽萍. 区域创新系统运行机制及能力提升路径[J]. 商业时代，2014(33)：134-135.

[196]谢庆红，黄莹. 区域创新体系模式综述与展望[J]. 经济学动态，2010(6)：76-79.

[197]寸晓宏，卢启程. 风险投资对区域创新系统的作用机理研究[J]. 经济学动态，2014(8)：79-87.

[198]周洪文，宋丽萍. 区域创新系统能力动态变迁的测度与评价[J]. 管理学报，2015(9)：1349.

[199]苏屹，安晓丽，孙莹，等. 区域创新系统耦合度测度模型构建与实证研究[J]. 系统工程学报，2018(3)：398-411.

[200]Breschi S，Malerba F. Sectoral innovation systems：technological regimes，Schumpeterian dynamics，and spatial boundaries[J]. Systems of Innovation：Technologies，Institutions and Organizations，1997(2)：130-156.

[201]Malerba F，Mani S. Sectoral systems of innovation and production in developing countries[M]. London：Edward Elgar Publishing，2009.

[202]陈传宏，邹珊刚. 我国医药产业发展与技术创新战略[J]. 医学与哲学，1997(2)：2-5.

[203]张凤，何传启. 国家创新系统：第二次现代化的发动机[M]. 北京：高等教育出版社，1999.

[204]柳卸林. 不连续创新的第四代研究开发——兼论跨越发展[J]. 中国工业经济，2000(9)：53-58.

[205]柳卸林. 21 世纪的中国技术创新系统[M]. 北京：北京大学出版社，2000.

[206]张治河. 面向“中国光谷”的产业创新系统研究[D]. 武汉：武汉理工大学，2003.

[207]张治河，胡树华，金鑫，等. 产业创新系统模型的构建与分析[J]. 科研管理，2006，27(2)：36-39.

[208]苟仲文，李仕明，曾勇. 电子信息产业创新体系研究——基于产业创新视角的分析[J] . 管理学报，2006(6)：741 -744

[209]李庆东. 产业创新系统结构模型研究[J]. 改革与战略，2009，25(7)：120-123.

[210]胡明铭，徐姝. 产业创新系统研究综述[J]. 科技管理研究，2009，29(8)：31-33.

[211]于丽敏，刘继云. 王国顺东莞电子信息产业创新体系研究[J]. 科技管理研究，2010，30(18)：87-88.

[212]陈劲. 协同创新与国家科研能力建设[J]. 科学学研究，2011，29(12)：1762-1763.

[213]彭勃，雷家骕. 基于产业创新系统理论的我国大飞机产业发展分析[J]. 中国软科学，2011(8)：41-47.

[214]李强，郑江淮. 我国战略性新兴产业的选择——基于突破性技术创新的视角[J]. 创新，2011(6)：49-54.

[215]赵一鸣，黎苑楚，董红杰. 基于创新联盟的产业创新体系研究[J]. 科学学与科学技术管理，2012，33(2)：115-121.

[216]汪良兵，洪进，赵定涛，等. 中国高技术产业创新系统协同度[J]. 系统工程，2014(3)：1-7.

[217]凌和良. 产业创新系统运行的机理研究[D]. 南昌：江西财经大学，2016.

[218]李巍，郗永勤. 战略性新兴产业创新系统协同度的测度[J]. 统计与决策，2017(2)：60-63.

[219]冯昊. 产业创新体系及其政策工具有效供给关系的研究[D]. 北京：中国人民解放军军事医学科学院，2017.

[220]Lundvall B. National systems of innovation：towards a theory of innovation and interactive learning[M]. London：Pinter Publishers，1992.

[221]向刚，汪应洛. 企业持续创新动力机制研究[J]. 科研管理. 2004，25(6)：108-114.

[222]孙冰. 企业技术创新动力的理论研究述评[J]. 现代管理科学，2008(4)：8-10.

[223]陶良虎，陈得文. 产业集群创新动力模型分析[J]. 江淮学刊，2008(2)：210-214.

[224]张国强，冯套柱，卫聚金，等. 企业技术创新动力理论探讨[J]. 技术与创新管理，2010 (1)：23-25.

[225]邸晓燕，张赤东. 企业创新动力：概念、模式及分析框架[J]. 科技管理研究，2017，37(17)：16-22.

[226]向刚. 企业持续创新[M]. 北京：科学出版社，2006.

[227]刘锦英，聂鸣. 产业集群的创新及其形成机制分析[J]. 经济经纬，2006(3)：40-43.

[228]吴庆松，游达明. 企业技术创新动力源：“资本协同”逻辑模型[J]. 现代管理科学，2009(2)：96-98.

[229]刘光富，Stephen C-Y Lu . 中国国有企业创新动力因素探究[J]. 中国科技论坛，2009(11)：55-58.

[230]孙冰，张敏. 基于序参量的企业自主创新动力系统协同机理研究[J]. 中国科技论坛，2010(10)：19-24.

[231]陈大龙，王莉静. 我国制造业企业自主创新动力机制研究[J]. 科技与经济，2011(1)：31-35.

[232]陈勇星、屠文娟和季萍. 企业技术创新动力系统及其模型[J]. 统计与决策，2013(5)：54-57.

[233]石明虹，刘颖. 战略性新兴产业集群式创新动力机制与关键诱导因素研究[J]. 科技管理研究，2013(24)：203-206.

[234]杨梦源，许跃辉，段云龙，杨立生. 基于属性测度的创新型企业创新动力评价研究[J]. 天府新论，2014(1)：79-84.

[235]关丽洁，纪玉山. 经济新常态下技术创新动力系统与机制[J]. 社会科学战线，2015(11)：63-70.

[236]张瑞，黄伶伎，丁日佳. 煤炭企业生态技术创新动力运行模式及评价研究[J]. 科技管理研究，2016(8)：54-57.

[237]侯二秀，石晶，秦蓉. 企业协同创新动力要素的理论与实证研究[J]. 科学管理研究，2016，34(4)：72-75.

[238]苟莉佳，郭强，廖花. 成都市中小企业创新动力机制研究[J]. 西南交通大学学报(社会科学版)，2016(3)：59-62.

[239]宋立丰. 中-德国有企业创新动力与激励机制比较与借鉴研究[J]. 科学管理研究，2017，35(1)：67-70.

[240]刘志迎，沈磊，韦周雪. 企业开放式创新动力源的实证研究[J]. 科学学研究，2018，36(4)：732-743.

[241]Huang C H, Yang C H. Persistence of innovation in Taiwan' s manufacturing firms[J]. Taiwan Economic Review, 2009, 34(2)：226-243.

[242]贺灵，邱建华，易伟义. 企业技术创新动力影响要素评价及其互动关系研究[J]. 湖南大学学报(社会科学版)，2011(6)：56-60.

[243]徐宁，吴创. 高管激励契约、技术创新动力与路径选择——来自民营中小上市公司的经验证据[J]. 科技进步与对策，2015，32(4)：72-76.

[244]姚明月，胡麦秀. 技术-环境壁垒条件下企业的技术创新动力[J]. 科技管理研究，2015，35(19)：98-102.

[245]欧绍华，胡玉松. 基于系统动力模型的企业技术创新动力要素研究[J]. 经济经纬，2015(4)：109-113.

[246]孟凡生，韩冰. 基于演化博弈理论的装备制造企业低碳技术创新动力机制研究[J]. 预测，2018(3)：69-74.

[247]杨朝均，毕克新，呼若青. 开放经济下工业企业绿色创新动力传导机制[J]. 系统工程，2018(9)：79-90.

[248]钱芳、刘伟. 基于耗散结构论的产业创新动力系统研究[J]. 科技管理研究，2008，28(12)：145-147.

[249]王为. 东北地区制造业产业自主创新动力机制研究[D]. 哈尔滨：哈尔滨工程大学，2011.

[250]牟绍波，任家华. 高新技术产业集群自主创新动力机制研究——基于集群创新文化视角[J]. 科技管理研究，2009(12)：325-326.

[251]张琼瑜，李武武. 基于 CAS 理论的产业集群协同创新动力机制构建[J]. 商业时代，2012(1)：115-116.

[252]李明惠，雷良海，孙爱香. 基于生命周期的产业集群自主创新动力机制研究[J]. 预测，2012(3)：54-58.

[253]桂黄宝. 战略性新兴产业成长动力机制分析——以我国新能源汽车为例[J]. 科学管理研究，2012，30(3)：48-51.

[254]王娟. 我国战略性新兴产业技术创新动力研究[D]. 西安：西安石油大学，2013.

[255]刘晖，刘轶芳，乔晗，等. 我国战略性新兴产业创新驱动发展路径研究[J]. 管理评论，2014(12)：20-28.

[256]范德成，宋志龙. 中国工业技术创新动力区域差异与影响因素研究[J]. 经济问题探索，2018(11)：86-96.

[257]董微微. 创新模式演进过程的研究综述与展望[J]. 工业技术经济，2016(5)：143-147.

[258]傅家骥. 技术创新学[M]. 北京：清华大学出版社，1998.

[259]谢勒 F M. 技术创新——经济增长的原动力[M]. 姚贤清等译. 北京：新华出版社，2001.

[260]Leydesdorff L. The measurement and evaluation of triple helix relations among universities，industries and governments[C]. The Fourth International Triple Helix Conference，Copenhagen，2002.

[261]Danneels E. Disruptive technology reconsidered：a critique and research agenda[J]. The Journal of Product Innovation Management，2004(4)：246-258.

[262]孙永风，李垣，廖貅武. 基于不同战略导向的创新选择与控制方式研究[J]. 管理工程学报，2007(4)：24-30.

[263]张春辉，陈继祥. 考虑内生溢出与 R&D 投入的创新模式选择[J]. 中国管理科学，2011，19(3)：26-32.

[264] Hurmelinna-Laukkanen P，Sainino L M，Jauhiainen T. Appropriate ability regime for radical and incremental innovations[J]. R&D Management，2008，38(3)：278-289.

[265]曾娟，万君康. 企业技术创新模式影响因素分析论证[J]. 科技进步与对策，2000，17(4)：3-4.

[266]张洪石，付玉秀. 影响突破性创新的环境因素分析和实证研究[J]. 科学学研究，2005，23(S1)：255-26.

[267]Sandberg B. Customer related creativeness in the radical innovation development process[J]. European Journal of Innovation Management，2007，10(2)：252-267.

[268]张春辉，陈继祥. 两种创新补贴对创新模式选择影响的比较分析[J]. 科研管理，2011，32(8)：9-16.

[269]盛光华，张志远. 补贴方式对创新模式选择影响的演化博弈研究[J]. 管理科学学报，2015(9)：34-45.

[270]徐建中，王莉静，陈大龙. 企业的产业创新模式研究[J]. 科技管理研究，2007，27(4)：32-33.

[271]智强，苏竣，汝鹏，等. 政策引导下的新兴产业技术创新模式：以中国风电设备制造业为例[J]. 国际经济评论，2013(2)：46-58.

[272]李政，任妍. 中国高铁产业赶超型自主创新模式与成功因素[J]. 社会科学集刊，2015(2)：85-91.

[273]崔小委，吴新年. 产业技术创新模式的发展脉络与演进分析[J]. 中国科技论坛，2016(1)：31-37.

[274]李捷，霍国庆. 我国战略性新兴产业技术创新模式初探[J]. 科技管理研究，2017，37(23)：31-39.

[275]吕静韦. 战略性新兴产业发展动力机制及创新模式研究[D]. 天津：河北工业大学，2017.

[276]韦结余，薛澜，周源. 中国战略性新兴产业创新模式研究[J]. 科技中国，2017(6)：47-52.

[277]施平，郑江淮. 战略性新兴产业的特征与发展思路[J]. 贵州社会科学，2010(12)：36-39.

[278]李晓华，吕铁. 战略性新兴产业的特征和政策导向研究[J]. 宏观经济研究，2010(9)：20-26.

[279]王新新. 战略性新兴产业的培育与发展策略研究[J]. 生产力研究，2011(8)：155-157.

[280]陈洁. 江苏战略性新兴产业创新的国际借鉴[J]. 南京工程学院学报(社会科学版)，2017(4)：61-64.

[281]张倩男. 谈高技术产业创新的基本特征与过程机制[J]. 商业时代，2009(19)：107-108.

[282]陈芳，眭纪刚. 新兴产业协同创新与演化研究：新能源汽车为例[J]. 科研管理，2015，36(1)：26-33.

[283]武建龙，王宏起. 战略性新兴产业突破性技术创新路径研究——基于模块化视角[J]. 科学学研究，2014，32(4)：508-518.

[284]Chesbrough H，Vanhaverbeke W，West J. Open innovation：researching a new paradigm[M]. Oxford：Oxford University Press，2006.

[285]Ceccagnoli M，Graham S J H，Higginsy M J，et al. Productivity and the role of complementary assets in firms' demand for technology innovations[J]. Industrial and Corporation Change，2009，19(3)：839-869.

[286]盛济川，吉敏，朱晓东. 内向和外向开放式创新组织模式研究——基于技术路线图视角[J]. 中国科技论坛，2013(8)：1268-1274.

[287]高照军. 内向型开放式创新、国际化、投机性学习与创新绩效的关系[J]. 科技进步与对策，2016，33(19)：8-13.

[288]董豪，曾剑秋，沈孟茹. 隐性知识在开放式创新与创新绩效中作用——基于信息通信产业的实证研究[J]. 中国科技论坛，2017(3)：43-49.

[289]熊鸿儒. 中国创新体系的开放进程与转型挑战[J]. 学习与探索，2017(1)：132-140.

[290]张振刚，王华岭，陈志明，等. 企业内向型开放式创新对根本性创新绩效的影响[J]. 管理学报，2017(10)：1465-1474.

[291]Lichtenthaler U，Ernst H. Opening up the innovation process：the role of technology aggressiveness[J]. R&D Management，2009，39(01)：38- 54.

[292]Lichtenthaler U，Ernst H. Technology licensing strategies：the interaction of process and content characteristics[J]. Strategic Organization，2009，7(2)：183-221.

[293]Agarwal R，Gort M. The evolution of markets and entry，exit and survival of firms[J]. Review of Economics & Statistics，1996，78(78)：489-498.

[294] Allen R H, Sriram R D. The role of standards in innovation[J]. Technological Forecasting & Social Change, 2000, 64(2-3): 171-181.

[295] Phaal R, Sullivan E, Farrukh C, et al. A framework for mapping industrial emergence[J]. Technological Forecasting & Social Change, 2011, 78(2): 217-230.

[296] Yun J J, Mohan A. Exploring open innovation approaches adopted by small and medium firms in emerging/growth industries: case studies from Daegu-Gyeongbuk region of South Korea[J]. International Journal of Technology, Policy and Management, 2012, 12(1): 1-19.

[297]周绍东. 战略性新兴产业技术创新研究综述[J]. 科技进步与对策，2012，29(16)：156-160.

[298]赵长轶，曾婷，顾新. 产学研联盟推动我国战略性新兴产业技术创新的作用机制研究[J]. 四川大学学报，2013(3)：47-52.

[299]黄永春，郑江淮，张二震. 依托于NVC的新兴产业开放互补式技术突破路径——来自昆山新兴产业与传统产业的比较分析[J]. 科学学研究，2014，32(4)：519-530.

[300]肖利平. 公司治理如何影响企业研发投入：来自中国战略性新兴产业的经验考察[J]. 产业经济研究，2016(1)：60-70.

[301]霍国庆，李捷，张古鹏. 我国战略性新兴产业技术创新理论模型与经典模式[J]. 科学学研究，2017(11)：1623-1629.

[302]张洁，安立仁，陈关聚，等. 跨国公司在华研发机构管控模式、创新开放性对突破性创新绩效的影响[J]. 中国科技论坛，2017(3)：81-87.

[303]周志娟，何郁冰，曾益. 创新开放性对中国制造业国际竞争力的影响——基于2000-2010年面板数据的实证检验[J]. 科学学研究，2014，32(10)：1559-1568.

[304]牟绍波. 高新技术产业集群自主创新机制研究——基于技术引进与消化吸收视角[J]. 科技进步与对策，2011，28(20)：99-103.

[305] Li M, Simerly R L. The moderating effect of environmental dynamism on theownership and performance relationship[J]. Strategic Management Journal, 1998, 19(2): 169- 479.

[306]陈国权，王晓辉. 组织学习与组织绩效：环境动态性的调节作用[J]. 研究与发展管理，2012，24(1)：52-59.

[307]刘兰剑，司春林. 创新网络17年研究文献述评[J]. 研究与发展管理，2009，21(4)：68 -77.

[308]袁宇. 城市创新网络化：创新型城市研究的新视[J]. 中州学刊，2014(4)：37-41.

[309]彭勃. 中国汽车产业创新系统演进与绩效研究[D]. 北京：清华大学，2012.

[310] Malerba F. Sectoral systems of innovation: a framework for linking innovation to the knowledge base, structure and dynamics of sectors[J]. Economics of Innovation and New Technology, 2005, 14(1-2): 63-82.

[311]欧雅捷，林迎星. 战略性新兴产业创新系统构建的基础探讨[J]. 技术经济，2010(12)：7-11.

[312]汪秀婷，杜海波. 系统视角下战略性新兴产业创新系统架构与培育路径研究[J]. 科学管理研究，2012，30(1)：10-14.

[313]李华军，张光宇，刘贻新. 基于战略生态位管理理论的战略性新兴产业创新系统研究[J]. 科技进步与对策，2012，29(3)：61-64.

[314]邓龙安. 战略性新兴产业科技创新体系建设路径选择研究[J]. 科学管理研究，2012，30(2)：37-41.

[315]张志彤，程跃，银璐. 战略性新兴产业创新系统网络演化及运行模式研究——基于深圳LED产业的分析[J]. 研究与发展管理，2014，26(6)：114-121.

[316]李煜华，武晓锋，胡瑶瑛. 共生视角下战略性新兴产业创新生态系统协同创新策略分析[J]. 科技进步与对策，2014，31(2)：47-50.

[317]张欣. 中国构建战略性新兴产业创新体系的对策研究[J]. 中国商论，2015(9)：135-138.

[318]刘和东. 高新技术产业创新系统的协同度研究——以大中型企业为对象的实证分析[J]. 科技管理研究，2016，36(4)：

133-137.

[319]袁旭梅，蔡书文，王伟，等. 高新技术产业协同创新系统建模与仿真[J]. 科技进步与对策，2018，35(4)：63-71.

[320]牟绍波. 战略性新兴产业集群式创新网络及其治理机制研究[J]. 科技进步与对策，2014，31(1)：55-59.

[321]牟绍波，王成璋. 产业集群持续成长的自组织机制研究[J]. 科技进步与对策，2007，24(7)：73-75.

[322]Friedman D. On economic applications of evolutionary game[J]. Theory Journal of Evolutionary Economic，1998，8(1)：15-43.

[323]胡登峰，刘洁，程楠. 新能源汽车产业创新网络的内涵、演化及其取向[J]. 重庆社会科学，2012(2)：95-99.

[324]余雷，胡汉辉，吉敏. 战略性新兴产业集群网络发展阶段与实现路径研究[J]. 科技进步与对策，2013，30(8)：58-62.

[325]郭燕青，何地. "主体-技术"协同视角下的战略性新兴产业创新网络分类研究[J]. 工业技术经济，2017(4)：146-152.

[326]张路蓬，薛澜，周源，等 战略性新兴产业创新网络的演化机理分析——基于中国 2000-2015 年新能源汽车产业的实证[J]. 科学学研究，2018，36(6)：1027-1035.

[327]张永安，王燕妮. 核心企业创新网络结构、类型解析[J]. 科学学与科学技术管理，2010，31(12)：50-55.

[328]Jones C，Hesterly W S，Borgatti S P. A general theory of network governance：exchange conditions and social mechanisms[J]. The Academy of Management Review，1997，22(4)：911-945.

[329]Provan K G. Model of network governance：structure，management and effectiveness[J]. Journal of Public Administration Research and Theory，2008，18(2)：229-252.

[330]谢永平，党兴华，张浩森. 核心企业与创新网络治理[J]. 经济管理，2012(3)：60-67.

[331]高洁，糜仲春，魏久檗. 企业技术创新网络治理机制研究[J]. 科技进步与对策，2007，24(9)：133-136.

[332]李维安，林润辉，范建红. 网络治理研究前沿与述评[J]. 南开管理评论，2014，17(5)：42-53.

[333]罗茜，皮宗平，白明皓. 创新网络治理机制与绩效——基于灰格序方法的创新联盟实证分析[J]. 科技进步与对策，2018，35(4)：25-31.

[334]干勇，钟志华. 战略性新兴产业技术创新支撑体系研究[M]. 北京：经济管理出版社，2017.

[335]祖爽. 与国外仍存两三代技术差距 我国集成电路产业如何突围?[N]. 中国商报，2018-11-23.

[336]黄鑫. 5G 时代，我国移动通信产业有望引领全球[N]. 经济日报，2018-11-19.

[337]廖国红. 改革创新引领中国移动通信产业持续发展[EB/OL]. [2018-11-19]. http：//cx. xinhuanet. com/2018-11/ 20/c_137619343. htm.

[338]王丽，施建军. 关于开放式创新能力及其对创新绩效影响测量的概念性框架[J]. 现代管理科学，2014(5)：3-5.

[339]李邃，江可申. 我国高技术产业科技能力评价研究[J]. 科技进步与对策，2010，27(4)：107-110.

[340]段婕，刘勇. 基于因子分析的我国装备制造业技术创新能力评价研究[J]. 科技进步与对策，2011，28(20)：122-126.

[341]杨波. 生物医药产业创新能力评价体系的研究及提升策略[D]. 沈阳：沈阳药科大学，2013.

[342]刘琪. 区域生物产业创新能力评价研究[D]. 天津：河北工业大学，2013.

[343]何平. 我国高技术产业技术创新能力评价研究[D]. 哈尔滨：哈尔滨工程大学，2018.

[344]郭晓丹，何文韬，肖兴志. 战略性新兴产业的政府补贴、额外行为与研发活动变动[J]. 宏观经济研究，2011(11)：63-69.

[345]刘辉，刘轶芳，乔晗，等. 我国战略性新兴产业创新驱动发展路径研究——基于北京市生物医药行业的经验总结[J]. 管理评论，2014(12)：20-25.

[346]Prud' homme D. Dynamics of China' s provincial level specialization in strategic emerging industries[J]. Research Policy，2016，45(8)：1586-1603.

[347]Kamasak R，Yavuz M，Okaragulle A，et al. Importance of strategic flexibility on the knowledge and innovation relationship：an emerging market study[J]. Procedia-social and behavioral sciences，2016，229(19)：126-132.

[348]邱士雷，王子龙，杨琬琨，等. 高技术产业创新能力的空间集聚效应分析[J]. 研究与发展管理，2018，30(6)：128-137.

[349]高伟凯. 我国装备制造业技术创新力的决定因素[J]. 现代经济探讨，2010(4)：40-43.

[350]徐大可，陈劲. 后来企业自主创新能力的内涵和影响因素分析. 社会经济体制比较，2006(2)：17-22.

[351]徐杰，王智源，彭小宝. 我国自主创新中知识集成能力提升问题探讨[J]. 科技管理研究，2008，28(9)：1-8.

[352]靳洪. 企业战略创新能力形成的动力机制分析[J]. 湖北社会科学，2013(1)：92-95.

[353]丁永波，周柏翔，崔宏桥. 吉林老工业基地产业自主创新能力培育机制研究[J]. 中国管理信息化，2008，11(22)：82-85.

[354]孟梓涵. 战略性新兴产业创新能力形成机理与培育路径研究[D]. 哈尔滨：哈尔滨理工大学，2013.

[355]曹兴，张云，张伟. 战略性新兴产业自主技术创新能力形成的动力体系[J]. 系统工程，2013(7)：78-86.

[356]林平凡，刘城. 区域创新体系中产业突破性创新能力形成机理研究[J]. 广东社会科学，2014(6)：16-23.

[357]王宏起，杨仲基，武建龙，李玥. 战略性新兴产业核心能力形成机理研究[J]. 科研管理，2018，39(2)：143-151.

[358]陈光，王永杰. 区域技术创新系统的动力分析[J]. 电子科技大学学报(社会科学版)，2001，14(1)：90-92.

[359]邵云飞，谭劲松. 区域技术创新能力形成机理探析[J]. 管理科学学报，2006(4)：1-11.

[360]李朝霞. 企业进化机制研究[M]. 北京：北京图书馆出版社，2001.

[361]牟绍波，黄雷. 高科技产业集群开放式创新研究[J]. 经济纵横，2013(5)：57-60.

[362]朱宏涛. 基于 CAS 理论的战略性新兴产业集群协同创新动力机制演化及提升策略研究[J]. 商业经济，2019(1)：67-89.

[363]张哲. 基于技术扩散的产业集群创新动力研究[J]. 山东社会科学，2009(2)：111-113.

[364]朱雪伟，方存好，孟硕. 区域技术创新体系中的市场失灵与政府政策选择的研究[J]. 中国软科学，2007(5)：146-153.

[365]唐健雄，王国顺，周勇. 动态环境下的企业战略转型动因与阻力研究[J]. 矿冶工程，2008(1)：100-104.

[366]牟绍波，王成璋. 产业集群持续成长的力学运动机制[J]. 科技管理研究，2007，27(4)：154-156.

[367]李涛. 浙江战略性新兴产业发展的主要制约与破解之策[J]. 统计科学与实践，2015(2)：10-13.

[368]李博. 多指标综合评价方法应用中存在的问题与对策[J]. 沈阳工程学院学报(社会科学版)，2010(2)：200-202.

[369]成都市人民政府. 成都市战略性新兴产业发展“十三五”规划[EB/OL]. http：//gk. chengdu. gov. cn/govInfoPub/detail. action?id=1633809&tn=2[2017-5-15]

[370]高友才，向倩. 我国战略性新兴产业的选择与发展对策[J]. 经济管理，2010(11)：21-25.

[371]沙勇. 江苏战略性新兴产业融资难剖析[J]. 开放导报，2012(5)：93-96.

[372]王晓珍. 中美产业创新能力比较分析[M]. 北京：中国经济出版社，2018.

[373]骆祖春，范玮. 发展战略性新兴产业的国际比较与经验借鉴[J]. 科技管理研究，2011，31(7)：35-38.

[374]王芳. 世界各国对战略性新兴产业扶持经验解读[J]. 中国高新区，2012(12)：32-36.

[375]赵周华，李腾飞. 金融支持战略性新兴产业发展的国际经验及启示[J]. 区域金融研究，2018(6)：16-19.

[376]谯薇. 发展战略性新兴产业的国际经验及启示[J]. 经济体制改革，2013(3)：150-154.

附录 1

战略性新兴产业创新能力评价指标权重调查表

表 1　一级评价指标之间相对重要程度

	投入能力	吸收能力	转化能力	产出能力	支撑能力
投入能力	1	—	—	—	—
吸收能力		1	—	—	—
转化能力			1	—	—
产出能力				1	—
支撑能力					1

表 2　投入能力二级指标之间相对重要程度

	R&D 经费总支出	R&D 投入强度	R&D 项目数	科技经费支出总额	新产品开发项目数	新产品开发经费支出
R&D 经费总支出	1	—	—	—	—	—
R&D 投入强度		1	—	—	—	—
R&D 项目数			1	—	—	—
科技经费支出总额				1	—	—
新产品开发项目数					1	—
新产品开发经费支出						1

表 3　吸收能力二级指标之间相对重要程度

	技术引进经费	消化吸收经费	技术改造经费
技术引进经费	1	—	—
消化吸收经费		1	—
技术改造经费			1

表 4　转化能力二级指标之间相对重要程度

	R&D 成果转化数量	R&D 成果转化率	R&D 成果转化增长率	R&D 成果转化投资收益	R&D 成果转化投资收益率
R&D 成果转化数量	1	—	—	—	—
R&D 成果转化率		1	—	—	—
R&D 成果转化增长率			1	—	—
R&D 成果转化投资收益				1	—
R&D 成果转化投资收益率					1

表 5　产出能力二级指标之间相对重要程度

	新产品产值	新产品销售收入	新产品销售利润	专利申请数	拥有有效专利数
新产品产值	1	—	—	—	—
新产品销售收入		1	—	—	—
新产品销售利润			1	—	—
专利申请数				1	—
拥有有效专利数					1

表 6　支撑能力二级指标之间相对重要程度

	政府资金对产业科技活动的贡献度	金融贷款对产业科技活动的贡献度	企业研发中心数量占企业数量的比重
政府资金对产业科技活动的贡献度	1	—	—
金融贷款对产业科技活动的贡献度		1	—
企业研发中心数量占企业数量的比重			1

附录 2

战略性新兴产业创新能力模糊隶属度调查表

一级指标	二级指标	强	较强	一般	较弱	弱
投入能力	R&D 经费总支出					
	R&D 投入强度					
	R&D 项目数					
	科技经费支出总额					
	新产品开发项目数					
	新产品开发经费支出					
吸收能力	技术引进经费					
	消化吸收经费					
	技术改造经费					
转化能力	R&D 成果转化数量					
	R&D 成果转化率					
	R&D 成果转化增长率					
	R&D 成果转化投资收益					
	R&D 成果转化投资收益率					
产出能力	新产品产值					
	新产品销售收入					
	新产品销售利润					
	专利申请数					
	拥有有效专利数					
支撑能力	政府资金对产业科技活动的贡献度					
	金融贷款对产业科技活动的贡献度					
	企业研发中心数量占企业数量的比重					